DOCE LUNAS

Salvador Núñez Traslosheros

ISBN: Tapa Blanda   978-1-4633-8100-4
                  Libro Electrónico   978-1-4633-8101-1

Este libro fue impreso en los Estados Unidos de América.

Fecha de revisión: 25/03/2014

Para realizar pedidos de este libro, contacte con:
Palibrio LLC
1663 Liberty Drive
Suite 200
Bloomington, IN 47403
Gratis desde EE. UU. al 877.407.5847
Gratis desde México al 01.800.288.2243
Gratis desde España al 900.866.949
Desde otro país al +1.812.671.9757
Fax: 01.812.355.1576
ventas@palibrio.com
611114

DOCE LUNAS

[relatos para recibir a los tlaloques de Tlayacapán]

Contados por el moro Núñez

Dedicatoria: a mi sobrina Mayte y al gemelo Abdelmumín

RELATO DE
LA PRIMERA LUNA

Cuando Nuestro Señor el Huichilobos cuajó dentro del vientre, se desperezó, bostezó, abrió los legañosos ojos, y con la mano izquierda palpó la pared caliente, mielosa y esponjosa, y con la derecha, asiendo fuertemente la macana de obsidiana, asestó un terrible y espantoso tajo, el primer tajo.

No quiso nacer como todos. Quiso nacer a la mitad del sueño de la vieja Calaca, su madre. Alueguito se le murió la madre. No pudo amamantarlo. No pudo pegarle cachete a sus pechos, largos y flacos de perra. Se quedó bien muerta como para darle toda la libertad a su hijo el Huichilobos. Antes de nacer éste, fue a visitarla la Virgen de Guadalupe. Le dice:

> – ¿Cómo se siente, comadrita?

Le responde la vieja Calaca:

> – Traigo una navaja en el vientre, Lupita. Le voy a dar la vida, me va a dar la muerte. Pero para lo que me importa . . . Este hijo será el sol. Será el gran desjarretador, el gran degollador de los cielos.

Así fue lo que hablaron. Era una gran madre.

Nacido que hubo el niño, al momento camina de un lado para otro blandiendo la filosa macana de obsidiana. Alueguito caminó por los senderos secos de la alta meseta, por los bordes de la meseta, dando tajos a diestro y siniestro.

Se le acercaron los de Taxco, gente bien comida y bien dormida. Lo llevan en andas hasta el Ku de Taxco. En Taxco, cada cosa tiene su voz, cada voz su dibujo y cada dibujo su lugar, un lugar aereado y aseado. En Taxco las escaleras llevan a las casas y las casas tienen puertas medianas, humanas. ¡Gran cultura y civilización de los de Taxco!

Adelantados, satisfechos, perfectos , arrogantes, pundonorosos y bellos escarabajos estercoleros. Sólo un dios nuevo les hacía falta y por eso fueron a venerar al Huichilobos.

Desde un principio cayeron en la cuenta los ladinos que, trepado en un altar, ahuyentarían su amenaza. Todo en vano. Los colores se revolcaron.

Pasó así. El Huichilobos creció. Su mano izquierda, bronce fundido, palpó el techo de plata ahumado del Ku, bostezó, abrió los brazos en cruz y dando un alarido de mil cuchillos asestó un terrible y espantoso tajo sobre el Ku de los de Taxco. El segundo tajo.

Partió en dos el Ku. Agarró el terremoto y se los aventó a los bien comidos y a los bien dormidos. Se quebraron las sonajas, las canteras y las minas. Se desgarró el jugador de pelota.

– ¡Esto veníame chico! Me estaba apretando y ahogando.

Así fue la rotura del segundo blanquecino, seno cueva, matriz casa cultura, placenta caliente. Los santos se asustaron cuando vieron la quebradura en la cultura de Taxco porque no la dejó crecer sino que a la mitad de su siesta la había asaltado.

Fueron por el Huichilobos. Ya en el dedo del niño chiquito de la que echaba las tortillas en Taxco había brotado una gota de pus. Pero la libertad de la obsidiana corta de tajo la más tierna lágrima de una madre. Lo intronizaron y lo canonizaron: San Huichilobos. Le reconvienen en el cielo, unos con cardo, otros con mastranzo.

En el corazón de madera de los santos gira el comején del pavor. Al mediodía todas las cosas del universo están a la mitad, tibias tranquilas, con las manos sobre las rodillas.

Santa Catalina teje una chambrita para el niño Simón y a veces descansa su mirada contemplando las grandes estrellas amarillas. San Felipe de Jesús escribe una poesía al gran océano que está más allá de las Californias. Y de pronto:

¡Zas! ¡Zas! y ¡Zas! ¡Zas! ¡Zas! y ¡Zas!

– ¡Quiero más luz!

Su mano izquierda palpando la seda, la frialdad, el silencio de los cielos, del techo abovedado del cielo más cielo. Su mano derecha asestando el temible, pavoroso, cataclismo tajo. El tercer tajo.

Los santos se ponen de pie gritando:

6

– ¡Ha partido en dos el Universo! ¡Se desmoronan las mitades, las perfectas mitades! ¡Ay de nosotros si la luz nos traspasa! ¡La luz! ¡La navaja!

En un rincón Judas abre los ojos y se le queman los párpados y la soga. ¡Qué gran belleza la del señor Iscariote! El mismo Padre suspira. Así fue la rasgadura y la grieta del tercer seno cosmos, universo mediodía, o como se llame.

– Si quieres la luz serás el sol.

Y éste fue el modo como el guerrero suriano Huitzilopochtli llegó a sol. Su madre, la Calaca dice:

– Para lo que me importa esta muerte, Lupita.

Ya llegó. Ya alumbra. Ya es. Él es.

RELATO DE
LA SEGUNDA LUNA

Éste era un hombre llamado Noyolo. El día 12-Técpatl se embriagó con pulque y a la media noche lo atropelló la Máquina en la calzada de Cuauhtitlán. Por razón del golpe que sufrió se le abrió un abismo en el corazón. Los médicos del Seguro Social no lo pudieron curar, le dijeron:

– Noyolo, no tienes remedio, tu herida es abismo, no se puede cerrar.

Noyolo sentíase cuarteado, rajado, tijereteado; dejó su trabajo de mecánico en un taller de camiones y se fue al Sur, al lugar que nombran Xochistlahuaca, o sea llano de flores.

De verdad es un sitio muy bello; se sentó a descansar sobre una piedra roja y blanca y su herida comenzó a sangrar. Entonces habló:

– ¡Pobrecito de mi corazón con este abismo! ¿Quién lo podrá poblar?

Le responde Xochistlahuaca:

– Quizá yo te sane, Noyolo, permíteme entrar en tu abismo.

Como lo que sentía este Noyolo era un barranco muy hondo pensó que si entraba Xochistlahuaca quedaría curado.

Dijo que sí. Se quedó tranquilo, sin moverse, sin parpadear ni respirar y por los redondos ojos se le metió Xochistlahuaca gota a gota.

Noyolo cantó:

¡Qué suave y fresco eres al entrar, Xochistlahuaca!
pero ya adentro . . . , ¡qué punzante y amargo te me conviertes!
siento la humedad y el abrazo de la tierra negra
el aliento y la mano caliente de la tierra café
las tristes y andrajosas cosquillas de la tierra gris
las llaves y las navajas de la tierra blanca . . .

Dice Xochistlahuaca:

– Te he dado la tierra.

Noyolo se quejó:

– El abismo es el mismo.

Entraron después los eucaliptos, los pirules, los álamos y los magueyes, los sauces y los encinos, los ocotes con las praderas, y se fueron perdiendo en el Noyolo como se pierden en el océano ocho peces pequeños mitad verdes mitad plateados. Ni siquiera le dolían las raíces, ni siquiera las ramas le hacían cosquillas, ni siquiera el viento helado que silbaba en Noyolo se había dado cuentas de las copas de los árboles.

– ¡Me duele más el abismo!—gritaba el Noyolo.

Llegaron las flores; una por una fueron cayendo: no daban perfume. A simple vista, uno diría que se habían secado . . . Y no, ahí estaban, como enojadas, como resentidas, como enmuinadas porque no lucían en valle tan amplio, en barranco tan negro.

Noyolo sangraba, se revolcaba de dolor.

Entraron las bestias, las aves y los insectos.

Noyolo no resistió:

– ¡Vete de aquí Xochistlahuaca! ¡Más has herido mi corazón! Estoy casi muerto de espacio.

Escupió a Xochistlahuaca y se fue al Norte, al lugar que se nombra Calixtlahuaca o sea llano de casas. En Calixtlahuaca vivían 63.036 familias en blancas casas cúbicas sin techos y sin ventanas. Noyolo visitó a cada familia, a cada hombre, a cada mujer, a cada niño, a cada perro; a todos los miró por su nombre porque el nombre de todos, si se les miraba fijamente y con amor, se veía en sus ojos. Conoció sus mesas, sus paredes, sus cucharas, sus radios, su tractolina quemada, sus focos fundidos y sus retratos enchinchados.

A todos invitó a entrar a su corazón, y todos entraron porque no hay nadie malo. Entraron hasta los mariguanos, los raterillos, las chismosas y los amargados.

Todos entraron y se perdieron en el corazón del Noyolo: los hombres sentían pavor de tanta tiniebla; las mujeres no divisaban a sus hijos; los niños, al no sentir la mano que los guía, lloraban; los perros perdieron el rastro y aullaron . . . ¡Tan grande era el corazón del Noyolo!

Uno a uno salieron del abismo y volvieron a Calixtlahuaca para seguir su vida de periódico: no cambiaron sus ojos ni irguieron el pecho.

Así fue como supo el Noyolo que su corazón era más profundo de lo que se imaginaba y entonces fuese al Oeste, al lugar que se nombra Coixtlahuaca, o sea "llano de víboras": allí había un hoyo por el que nomás cabía una persona.

Noyolo bajó y buscó a las inmundicias que pueblan el Oeste en una gruta tan baja que sólo podía avanzar a rastras sobre el guano de los murciélagos.

Primero se topó con el maldito Huichilobos, cara de rata y garras de uranio.

El muy canijo se coló en el corazón del Noyolo: y una lluvia de sangre bañó su interior. ¡Pobre Noyolo! ¡Cómo sufrió! Las iras y los demonios de frentes sucias caían como rayos desmembrados.

Después vino Yaotl, o sea el Disturbios, el Once lenguas, el Ignorante, el Irresponsable Borracho y se puso a gritar malas razones y crudas blasfemias, pero su voz apenas si se oía en la soledad de aquel espacio.

Después vino Mictlán, el Corrompido, el de vientre agusanado y quijadas encaladas y se puso a verter hediondeces, intestinos de cabra y pulmones amarillos de gato, pero el olor apenas si se arrastraba por el abismo Noyolo.

Al fin llegó Nemontemi, o sea Nada ni Nada, sin cuerpo y sin alma, como esfera de falso verde viscoso y fue llenando los senderos oscuros con sus babas y excrecencias.

El Huichilobos, cara de rata y garras de uranio, el Yaotl, once lenguas de borracho, el Mictlán de quijadas encaladas y el Nemontemi, esfera viscosa de falso verde, se cansaron de vagar en Noyolo y regresaron a

Coixtlahuaca como comparsa fracasada.

El pobre Noyolo se fue dando de alaridos desesperados detrás del Nemontemi, pero al fin cansado se fue al Este al lugar que se nombra Citlaltépetl, o sea "cerro de la estrella".

Allí se encontraba de pie como esperándolo una mujer más bella que los paisajes que se ven bajo el crepúsculo desde las altas montañas. Noyolo se acostó con ella y a la media noche bajo la lluvia comenzaron a platicar y a verse los ojos a la luz de los relámpagos.

Estaban los dos desnudos trabados, tibios y amorosos . . . ¡Qué delicados! ¡Qué preciosos! ¡Qué joyas los dos!

Él dijo:

— Me nombro Noyolo.

Ella dijo:

— Yo soy Tepetitla.

Él dijo:

— Mi corazón es un abismo sin fondo, tiniebla, una noche de rombos.

Ella dijo:

– Mi corazón es montaña nevada, sol deslumbrante entre nubes que esconden mi altura.

– Somos el uno para el otro—concluyó Noyolo.

Pero Tepetitla no dijo nada . . . ¡Qué filósofo el silencio!

Calló, miró turbio y sangrante a la vez, después se rió muy despacito y suavecito sin querer herir y ofender:

– ¿Somos el uno para el otro? ¿Puedes acaso poner el pico de mi montaña hacia abajo y colocarla sobre tu abismo? Somos el uno para el otro . . . —repetía Tepetitla mezclando lo virgo y la llaga.

Noyolo se abrazó más fuerte a ella; no quería dejarla porque sabía que ya había ido al Norte, al Sur y al Oeste. Sólo le quedaba el Este, y por eso no quiso dejarla ir hasta que se hizo la aurora y sintió gran helada en los huesos.

Ya no había curación posible. Ya se ahogó su esperanza. Ya ni supo cuándo Tepetitla se le despegó de su cuerpo. Ya ni quiso levantarse.

Así se quedó, tirado, aventado en el lodo, abriéndose más el abismo hasta que dejó de ser el Noyolo y se hizo un abismo. Un barranco llamado Noyolo. Y así canta en las noches de angustia:

Ya creció un poco más el infierno
que anida en el alma
porque el rostro cubierto de niebla
huracán misterioso de espejos
a nadie le canta

Quién tuviera los labios del río,
la voz enramada,
para hablarle a tus ojos profundos

de mi espíritu triste a tu lirio
sin rotas palabras

Pero soy un abismo enrejado
de turbias ventanas,
pero soy un Noyolo de piedra
en la lengua y los ojos
el cardo
ausencia de lágrimas

relato de la tercera luna

Estaba el Xochipilli envuelto en su sarape, tristeando, velando la obra, la víspera del tres de mayo. Era el Xochipilli un albañil de día y un velador de noche: tenía los ojos saltones y el pelo erizado porque de niño lo habían espantado allá en su pueblo de
Temazcaltepec. Tenía el Xochipilli toda la piel florecida, fragante y húmeda, blanda de musgo y de alhelíes, violetas, rosas silvestres y nardos.

Era aquella noche la milésima quinta del Imperio del Mixtli, noche de cemento y hogueras, de alambres electrificados. Ahora ya los ingenieros tenían el poder de integrar las fogatas, pues eran los lugartenientes y los capataces del Mixtli. En verdad que el Mixtli era muy grande y hermoso, sobre todo cuando le hablaba a su pueblo por las televisiones, ahora que todos tenían sus televisiones. "No sé por qué pero siento a los muertos, a todos los muertitos que se murieron en esta obra" – se decía Xochipilli. La Obra del Gran Mixtli: siete pisos, siete ingentes cajones, sin el calor aún de la madera.

"No sé ni cómo ni porqué pero presiento que por allí andan los muertos de la obra y de todas las obras". Y con los ojos saltones y su piel florida trataba de traspasar las gruesas tinieblas de aquella milésima noche del imperio del Mixtli. Oyó la hora cero en los diez mil relojes de la ciudad y ya no le cupo la menor duda: allí rondaban los muertitos. Era un lejano rumor de escarabajos con la fuerza de una brisa.

Los muertitos, ladinos y taimados no querían dejarse oír. Caminaban de puntitas sobre las tinieblas, pero ¿cómo podían ahogar los golpecillos de los huesos sueltos entre sí? A ratitos se apaciguaban, para arrempujarse después, porque los de atrás a los de adelante aventaban. "Ya ni te espantes, corazón bendito, esta vez siquiera se anunciaron". Pero el corazón traicionero se le arremolinaba entre las costillas cual palomo entre dos manos.

Bueno, pues ya llegaron, se fueron colocando alrededor de la gran fogata y calentaban sus huesos tanto tiempo mojados en las tumbas. "¡Qué diablos iban a calentarse estando como estaban bien muertos podridos!".

– ¿Qué fue lo que se les perdió por acá, muertitos? Si algo traen que les pese, escúpanlo luego y no me tengan espantado.

A la derecha del Xochipilli, juntos, estaban los muertos-por-algo, los revolucionarios con sus balas incrustadas, los sacrificados en los templos de los dioses antiguos y de los nuevos, los guerreros de todas las guerras inútiles, los mártires cristeros con sus escapularios sudados colgando del esternón, las parturientas, los presidentes, los caciques, y también se habían colado los curas mansurrones.

Pero a la izquierda del Xochipilli se había congregado una gran multitud de los muertos-por-nada, los del montón, los de la bola, los pericos de los palotes, los juanlanas, los talesporcuales, los fulanos y los sutanos, los atropellados, los volcados, los apachurrados, los deshidratados, los crudos y los pendejos: muertos de balas perdidas o de operaciones quirúrgicas mal hechas, atragantados, ahogados en minas de azufre o de plata, areneros, albañiles aplastados en los mítines políticos o en las procesiones de las reliquias. Todos los muertos son pedinches y pegajosos, gatos con hambre, compadres en desgracia. Miran de reojo, al fin hablan con una voz lejana que sabe a raíces, órgano y chirimía:

– Déjanos verlo . . .

Cuando vio Xochipilli que venían por las buenas y muy tiernos, les respondió con ventaja:

–¿Que qué es lo que quieren ver, mis muertitos?

– Lo escondido, lo que se ha prohibido, aquello que nos robaron para que ya nunca más resucitáramos. No te hagas el que la virgen le habla, bien sabes lo que te pedimos, aquello que tienes oculto en el séptimo piso.

– Y ¿para qué lo quieren ver?

Los muertitos callaron como diez minutos y miraban de reojo al Xochipilli como queriéndolo espantar, pero éste ya los tenía en un puño; por adentro se carcajeaba de ellos: él, vivito y coleando, y ellos bien muertos, húmedos aún de tumba.

– Está visto que ya nos perdiste el respeto y por eso te lo vamos a decir: venimos a preguntarle (ahora que el gran Mixtli está sentado en la cúspide de la pirámide) si ya somos todos iguales:, los muertos-por-algo y los muertos-por-nada; puesto que el Mixtli decretó la igualdad para todos.

El Xochipilli, espantado el espanto, les dio esta respuesta con aire de superioridad:

– ¡Újule! ¿Nomás por eso van a molestarlo?

Ya lo dijo el Gran Mixtli, el domingo pasado por televisión, que ya todos somos iguales, todos al ras; el ingeniero y yo somos iguales; así es que sobre eso, ya les digo, tan lo mismo son los muertos-por-algo como los muertos-por-nada. No importan las palabras finales, ni los gestos de héroes, ni las diferentes cobijas.

Ese Mixtli, muertitos, ¡qué montaña!¡qué trueno! ¡qué nube tan grande y llena de pavores! Él habla en las plazas o por las televisiones y sentimos que se nos sube un sol por la garganta. Llena de naguales tiene la palabra. Si nos hiere, lloramos, y si ríe, nos entra el bosque. Él domina. Él es el Señor. ¡Viva el Mixtli por los siglos de los siglos!

Los muertitos desde la penumbra lo escuchaban y un susurro entre ellos se alevantó:

– Pero es más grande lo Oculto, lo Escondido, lo Prohibido. Al fin y al cabo el Mixtli también morirá, un muerto igual a todos.

En cambio lo Prohibido resucitó al tercer día, su cruz floreció, siendo como era leña seca de hoguera.

El Xochipilli quedóse callado . . . .

– Tú también Xochipilli tendrás algún día que morirte y más pronto de lo que te imaginas. Tu piel se secará, te convertirás en huesos y silencio húmedo.

Y el Xochipilli callado callado, tragándose los despechos. Al fin abrió la boca y dijo muy quedo:

– El Gran Mixtli ha decretado la cancelación de las resurrecciones hasta que cada hombre tenga un pedazo de pan, de techo y de vieja, además de la televisión. Todos la misma ración.

Cuando oyeron los jóvenes suicidas, las solteronas y las monjas que se había cancelado la resurrección por un decreto del Mixtli, se levantó un enorme y pavoroso sollozo: ¡qué sollozo tan sin medida! Como que brotaba de los centros de la tierra, del centro del universo, como si juntaras los sollozos de los cuatro puntos cardinales; y es que no se hacían al ánimo a no resucitar, y es que querían vivir de nuevo, anhelaban gozar de la piel florida y suave del Xochipilli. Izaron un sin dimensión sollozo porque el gran Mixtli había cancelado las resurrecciones. Y entonces fue cuando el Xochipilli entendió la raíz y los rostros de los sollozos de la tierra y le estalló un hongo de náusea en su corazón adentro. Se espantó, ya no de los muertitos sino de la muerte, y les dijo a los muertitos:

– Vamos arriba al séptimo piso. Vamos a ver qué es lo que nos dice el Oculto, lo Prohibido . . . Nomás suban sin hacer ruido . . .

El Xochipilli subió los siete pisos por escaleras de ladrillo, y todos los muertitos, de cinco en cinco, lo siguieron ordenados y silenciosos. En el séptimo piso quitó unos ladrillos que tapaban una oquedad, y sacó al Oculto y lo colgó a la vista de todos los muertos: un murmullo muy sentido y tierno, como de viento entre eucaliptos, refrescó el séptimo piso. Los muertos y el velador se hincaron reverentes, frente a la cruz de mayo, una cruz de ladrillo y mezcla con el signo del Agua en su centro, y que es el signo del Teúl que murió y resucitó de entre los muertos.

Allí estaba la única cruz del imperio del Mixtli, pues éste había ordenado deshacer todas las cruces al proclamar la llegada de Temoanchán, o sea el llamado Paraíso Terrenal, pero Temoanchán se retrasaba, Temoanchán donde estrenan sus pieles de nuevo, no llegaba, y los vivos se arrugaban y morían, y la resurrección estaba clausurada. Ya mero, ya mero cada quien iba a tener su pedazo de pan, su pedazo de vieja, además de su televisión: todos la misma ración.

Sentados sobre sus talones y los ojos bien abiertos, los muertos y el Xochipilli esperaban alguna señal de la cruz de mayo mientras las estrellas resbalaban suave y calladamente. Y de pronto un joven ahogado en un río porque el camión en el que viajaba se había salido del puente, gritó con voz cavernosa entre un sin fin de sollozos:

– Dínos Teúl la verdad, ¿ya no va a haber resurrección?

Y otra vez se alevantó el sollozo, un sollozo total y absoluto de todos aquellos que deseaban estrenar sus pieles, pero el Teúl que vivió, murió y vivió no dijo si había o no resurrección, no dijo una palabra, y subsistía por lo tanto la palabra del Mixtli, la clausura, la cancelación.

El Xochipilli, al frente de los hincados, a veces lloraba ardientes lágrimas que de sus ojos saltones le brotaban fija su vista en la cruz de mayo, pero otras veces, con sus manos a la altura del pecho a la manera de un tigrillo que va a saltar a un árbol, rugía de rabia y esa rabia le escurría en espumarajos de blasfemia entre los labios. Pero de la cruz de mayo ni una sola palabra.

A la hora en que el sol empieza a manar de las montañas de la meseta y los rayos de luz desvanecen los huesos de los muertos, la cruz de ladrillo y mezcla comenzó a retoñar unas tímidas ramitas de ocote tierno verde tierno. Muy tupidas eran y la cruz palpitaba de vida, era una cruz viva. Los muertitos se fueron desvaneciendo poco a poco con una bella sonrisa de esmeralda, una verde sonrisa.

Al Xochipilli, al día siguiente, lo encontraron muerto, frío y muerto, con su piel arrugada y marchita, boca abajo sobre el frío cemento, con una botella de tequila en la mano, frente a una cruz adornada de flores y papel de china como ésas que adornan los albañiles en su fiesta el tres de mayo.

RELATO DE LA CUARTA LUNA

Es todo río. Es todo río junto a río; como hermanos, miles de ellos juntos, codo con codo, hombro con hombro, escurriendo del rojo al negro, de donde el sol nace a donde el sol se muere, del ombligo a la tumba. Los soles nacen y mueren dos y mil veces, pero los jinetes, nacen un día para morir al siguiente.

Es todo ríos bajos y niños que escurren sobre tezontle, y en el río de en medio estaba sentada Mayauel, en la mano derecha un jarro de barro negro con el espumoso pulque. Sí, Mayauel, la diosa borracha de la gran misericordia, con el agua al ombligo veía viajar a los pececillos de colores hacia la casa de la Muerte. Ella, como reina peinada, de vez en cuando vertía sobre el río un chorro de pulque y los pescadillos bebían de él hasta que ya borrachos, se dejaban llevar por la corriente, alegres y juguetones, inconcientes y olvidadizos del viaje hacia lo Negro.

Al fresco lugar, sombreado por tres sauces llorones, ha llegado San Hipólito Jinete. Es un mocetón membrudo, simplón pero muy experimentado en cualquier montura. Había ya domado siete ríos: un río achocolatado y turbulento, de fondo de lodo; un río amarillo de anchas ancas; un río de limo vestido de lirios y cañas; un torrente pequeño de blanca cola; un río de sangre; un río de malignas neblinas de los que pasan por las ciudades, y ahora, uno de esos ríos bajos y tibios que se ensanchan y se ensanchan hasta que dejan de ser ríos y pasan a ser mar.

Dicen los pescaditos:

– He aquí al gran Jinete de los ríos, al glorioso San Hipólito.

Y Mayauel:

– Grande en verdad sólo la Muerte, porque a todo jinete, desde el momento en que le cortan el cordón

23

del ombligo, desde ese preciso momento se le monta la Muerte, y yo que borracha estoy siempre, clarito la veo montada sobre sus anchos hombros, ¿de qué te sirve, Jinete, domar a los ríos si pasas y escurres con ellos?

Dicen gozosos los pescaditos:

– He aquí al gran Jinete, mayor que San Jorge, matador de culebras, y mayor que San Martín, el del caballo blanco.

Y Mayauel, la diosa borracha, que por borracha nunca pasa:

– Grande la Muerte, montura de las monturas, porque doma ríos, peces y jinetes.

Y diciendo esto vertía otro chorro de pulque en el río. Y se emborrachan los ríos, y prueba de lo que digo, las curvas, y las vueltas que tienen que dar antes de dar en la mar. Y se emborrachaban los pececillos dejándose llevar por la corriente, para olvidarse, para aturdirse, para embotarse, para que no les dolieran las mataduras del viaje sino que de pronto: ¡zaz! Ya llegaron a los bellos y labrados portones de la Casa Negra.

Y que dizque para ver lo que ella veía, se emborrachó San Hipólito con ese pulque espumoso que nunca se agotaba del jarro de barro negro. Susto que se llevó el inocente, cuando, después de beber, vio en el río reflejada a la Calaca sobre su fuerte lomo, una Muerte elegante que de él se reía a mandíbula batiente:

– Y yo que pensaba ser el mejor de los jinetes, y es hasta hoy que veo que siempre he sido montura—Y se puso muy triste.

Ésta fue la primera y la última vez que se puso triste. A la mitad de la vida se entristeció. Mayauel, misericordiosa como es se le acercó y le dio unas palmadas en la espalda.

– No te duela pasar, jinete; no le temas al mar.

Así se lamentaba el Hipólito:

– ¿Por qué me duele pasar? Los ríos que yo he montado, ¿no se estarán vengando? Los ríos me descoyuntan, me desmiembran, me descuartizan. Apenas que he llegado a ser, hoy que apenas abro mi boca para cantar mi carne compacta, hoy me derramo sin fuerzas hacia los cuatro colores del mundo.

– No te entristezcas—dícele Mayauel—yo te acompañaré hasta la casa de la Muerte. Iré junto hasta ti hasta que pierdas el miedo.

Luego, así como dice lo hacen. Ya cae el día. Ahí va un jinete borracho y una diosa borrachita y embriagadora. Entonces sucedió que al Hipólito le llegó la cruda que convierte su piel en cristal y vibra con lo que toca, roza o suena. Frágil va con los ojos bien abiertos sorbiendo con ansiedad los últimos matices de la tarde. Después de la casa de la Muerte, a lo mejor hay otra vida donde la Vida es montura. Cuando el sol se pone, divisan a lo lejos, en la desembocadura, la Casa Negra. Al intrépido jinete se le cuela el terror y comienza a tiritar de miedo como si fuera un niño desnudo:

– Mira, Mayauel ¡qué bonita capilla a la vera del río! Déjame entrar y rezar por los pescaditos que van a morir.

Se apea del río y entra al atrio de tumbas y ahuehuetes. El pórtico de la iglesia era de cantera rosa que se enciende como con fuego cuando los últimos rayos del sol sobre él inciden. Arriba de la puerta estaba un gran medallón de piedra labrada que representaba a Jesús entrando en el agua del río Jordán. Alrededor del medallón estaba observante la multitud de los santos de cantera.

Desde sus nichos los santitos le guiñan, le sonríen y le susurran:

– ¿No quieres quedarte entre nosotros? ¿No se te antoja tu nicho? En tu nicho no necesitas monturas y verás desde lo alto todos los ríos, el mar, y, de lejos, la Casa de la Muerte. ¡Quédate fijo y de piedra, haciéndonos hermandad y compañía!

– ¿Qué tengo que hacer, Santitos del cielo, para ya no montar y salvarme del río?

Entonces se le hace presente una santa vestida de blusa azul y enaguas labradas de diversos colores, la cara, los brazos, las piernas pintadas de tiza, orejeras de oro, los cabellos tocados a la manera de una reina. ¿No es ésta la diosa de la confesión y de las inmundicias? Era Tlazolteotl que le susurra suavemente:

– ¡Entra y comulga!

Así lo hace el Jinete, viendo con gozo que la iglesia está llena de nichos y de santos de todos tamaños y de todos colores, madera, cantera, marfil, cartón, mimbre, todos con cortesía le sonríen. Le hacen gestos dulces y convincentes para que se hinque. Y entonces sale revestido con todos los ornamentos el glorioso San Esteban, el apedreado, y le da la comunión: de un dorado copón que brilla con los reflejos de las veladoras, con sus dedos finos y blancos, saca una hostia de cantera negra que el Hipólito devora.

Luego que comulga y se come a la Muerte, al instante él es comido y devorado por la muerte de la piedra: se oxidan sus articulaciones, su piel se apergamina, sus cabellos se apelmazan. Aquel que huye de la muerte en el río muere por los siglos de los siglos. ¡Ya no pasa! ¡Ya ve los ríos desde lo alto abajo del campanario! ¡Ya queda cautivo en su nicho, entre San Jorge, matador de culebras, y San Martín, el del caballo blanco. Allí le hicieron un lugar entre los jinetes santos. Afuera del atrio, junto al gran río Mayauel lo está esperando, y, mientras, vierte de su jarro el divino licor que emborracha a los pescaditos que alegres se deslizan a la casa de la Muerte.

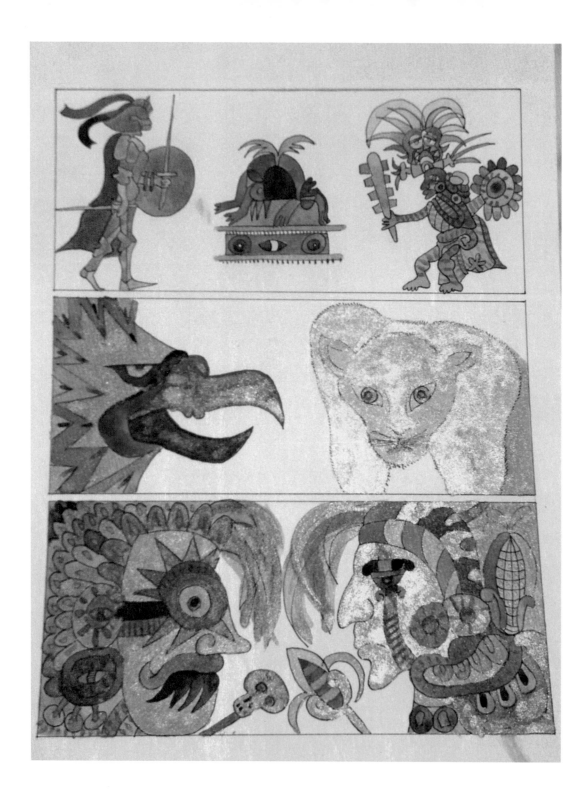

RELATO DE LA QUINTA LUNA

Antes de que se pongan a platicar los dos compadres, vamos a describir su geografía, la geografía de su carne, de sus ojos. Estos son los dos compadres: el Hipólito, exboxeador, y Don Casiano, el quesero. La piel del Hipólito es lisa y tersa, el pecho bien desarrollado pues fue boxeador durante una temporada en Tampico, hasta que lo noqueó el famoso Boby Téllez, y ya después de que fue noqueado se le coló el miedo a los golpes, y ya no quiso boxear más.

Aún se acuerda del alarido del público cuando recibió el golpe en la mandíbula, ese alarido mitad satisfacción, mitad desilusión.

-   La verdad que yo tuve la culpa porque descuidé la guardia, por puro avorazado, por querer acomodarle un gancho al hígado.

El Hipólito es la flor y el canto de un pueblo derrotado, que vive olvidado de su antiguo sol y de su antigua luna. Muchas veces el mismo Casiano, que ahora ya es su compadre y que desde ahora ya se van a respetar porque tendrán que hablarse de Usted, ellos que siempre se han tuteado, cuántas veces, digo, le ha dicho con desprecio:—Indio rejego.

Y el Hipólito ha respondido:—Pos sí, indio y qué. Pero ese "y qué" ha brotado sangrando, con aquella sangre aún fresca de la fiesta de Tóxcatl cuando ese güero liendre del Pedro de Alvarado hizo gran matanza de mexicanos nomás porque andaban con el arcoíris en los cuellos, nomás porque portaban oro, plata y jade en aquellos tiempos en los que los indios eran los meros dueños de todo, ¡raro se oye, verdad?, pero eran los dueños de tierras y del mando. Pero eso ya pasó, como pasa todo, pero queda el dolor.

El Hipólito es un indio bien proporcionado, ojos vivos, resentidos, llagados, nobles, desconfiados, colmados de odio, aunque generalmente van llenos del lodo de la indiferencia y que se limpian con la cerveza Victoria del tendajón de su primo Elpidio, el dueño de "El Triunfo", en donde hay una imagen de la Virgen de Guadalupe codo con codo de una gringa delgada que bebe Pepsi-Cola, y en donde hay en un rincón una vieja sinfonola que toca aún puras aztecas como el Corrido Flecha Roja y La Pajarera.

Y cuando al Hipólito se le llega la hora de la sed, y esta hora llega inexorablemente después de la media jornada de trabajo, los sábados en la tarde, y entonces se convierte en una tierra reseca de cuatrocientos años, y bebe sin distinción, ron cubano, tequila Cuervo, jerez de Texcoco, sidra del Gaitero, cerveza XX y ginebra Oso Negro, todo junto y revuelto, hasta caer como llanta vieja junto a la carretera, y hasta llegar Asunción, su mujer, que lo arrastra llorando hasta el portón de su casa:—Ay, Polo, por tu madre santísima, ahórrame la pena de cargarte hasta la cama. Pero el Hipólito no da otras señales de vida que los estertores del vómito.

Hipólito se ha dejado la barba a la Moctezuma, unos pelillos ralos en la punta de la barbilla, bajo su cara redonda de sol de cobre. En cambio, la cerrada barba de Casiano tal cual la de un abarrotero de puro y alpargata que no alcanzó a llegar a la ciudad de México. – Tienes la barba de panadero.—le dice su mujer, porque en su pueblo de Peribán había un panadero de barba azul rasurada en una quijada cuadrada. Los de Chalco lo apodaron "el güero". Su cabello fue en un tiempo castaño, pero ahora tira a negro gracias a la vaselina:—Como todo el santo día ando de aquí para allá, el sol alborota mis greñas. Pero el pobre pelo, aunque quisiera, ya no tiene alientos para alborotarse, por lo poco que de él resta. Y a medida que avanza su calvicie, crece la envidia de la abundante cabellera del Hipólito, al igual que la de Casiano profusamente empapada de brillantinas que dejan su huella en los cristales de los camiones.

Allí, pues, están el uno frente al otro, aquel día en que bautizaron a la Adelina, la primogénita del Hipólito, y a la que apadrinaron Casiano Carrera y su mujer, María Olmos. Allí están con todas sus buenas intenciones de acompadrarse, de emparentarse porque bien saben que son iguales, pues igualitos salieron encuerados de entre las piernas de sus madres, e igualitos se los llevará la vieja Calaca al banquete de los gusanos, en ese cementerio de Chalco, la misma tierra salitrosa que dejó la laguna al evaporarse. Que igualitos son, ninguno lo duda, pero hay algo que se les atora a los dos, no se acaban de tragar allá en el fondo donde ni ellos saben . . .

Pues sucedió que ese dichoso día se estuvieron espiando hasta que el Hipólito abrió la boca así de redonda como pozo, como queriendo vomitar o insultar, pero lo que salió de entre los labios fue una hermosa macana, sembrada y florecida de navajas de obsidiana. La tomó en las manos y con ella cortó enormes tajos de aire en dirección del Casiano. El güero como un rayo saltó atrás de la silla y sacó del corazón una espada de acero toledano. Y ya están los dos grandes guerreros el uno frente al otro, espumeando rabia, odiándose los que antes se abrasaban: el Hipólito, desnudo, protegido por un bello escudo de plumas, y Casiano, envuelto en una armadura, crujiendo horriblemente sus movimientos. Están en una planicie, junto a una laguna salpicada de garzas y de cañas. Están en un estrado para la danza en el atrio del templo de Cuernavaca. Están en la panza fecunda de la Coatlicue. Casiano se lanza con furia vociferando:—Por la cruz y por el oro, por

Santiago y la Malinche. Y hunde la espada en el pecho del Hipólito que cae dando un fuerte alarido hacia el sol. El sol, guerrero incansable, toma su alarido y se enciende de placer. La sangre del Hipólito cae en tierra y la Madre Coatlicue se la bebe hasta la última gota.

Y se hace el primer silencio y la primera noche en la que las Cihuateteo y los cuatrocientos guerreros surianos bajan a aterrorizar al Casiano, el de la barba de madera, con los terrores de Caín. De la tierra nace un tigre, un ocelote, la misma carne y la misma sangre del Hipólito, que acecha al hombre hasta la madrugada, salta sobre él y lo devora. El ocelote roe los huesos del Casiano durante el segundo silencio y la segunda noche y se echa a dormir junto a la espada manchada con su propia sangre, pero los huesos del Casiano, al tañir de las campanas que llaman a difunto, nace el águila, y otra vez se renueva la lucha, el correr de la sangre, la violencia, la tensión entre los cuatro puntos cardinales.

Ya luchan a muerte el águila y el ocelote: el águila le arranca los ojos al tigre de dos terribles picotazos, y un rugido hace estremecer los cerros, los conos volcánicos, que se ponen a temblar como gelatinas de vainilla detrás de una vitrina de lámina y cristal, y le arranca las entrañas desparramándolas desde el Ajusco hasta el Tepeyac. El águila asciende hasta el sol durante el tercer silencio y la tercera noche, la noche más pavorosa y más horrible de todas las noches porque en esta noche, en lugar de luna hay un sol detenido y manchado de sangre, la sangre del Hipólito, pero el águila llega tan cerca del sol enfurecido, tarántula de lumbre, que se le queman las alas y cae en tierra convertida en cenizas.

De las tripas del ocelote nace Nuestro Señor Tezcatlipoca, el hechicero, el brujo, el intrigante moreno, el indio ladino con la cara embadurnada de pintura blanca y signos sagrados. De las cenizas del águila nace Nuestro Señor Quetzalcóatl, el razonador, el apóstol, el albañil de las culturas. Ya se sientan el uno frente al otro a dialogar:
- Mi muy estimado Señor, gran Quetzalcóatl, ilustre barbado, piel de luna, a vos os ofrezco esta jicarita que os quitará la sed con el divino licor del maguey.
- Mil gracias, mi Señor Tezcatlipoca, ya en vuestro espejo empañado veo mi calavera,
- Pero no os desairo, probaré de la esmeraldina jicarita . . .

Y bebe y se emborracha, y beben todos los de Nonoalco y los de Ixtacalco, los de Atzcapotzalco y los de Tenayuca, los de Chalco y los de Texcoco, todos beben y se emborrachan para apagar la lucha y la guerra del tigre y del águila, del caballero y del flechador, del blanco y del moreno.

—¿Qué le parece a mi compadrito este curado de piña? Lo trajo mi cuñado desde Los Reyes.
—Sabroso y en su punto, compadre . . . esto se pone de ambiente.
—Y eso que nos falta el baile, compadre Casiano . . .
—A la salud de mis compadres y de mi ahijada Adelina.

RELATO DE LA SEXTA LUNA

Panoa y Mimiloa son dos nubes. Los nombres con que llamaron los de Xalatlaco a estas nubes significan "pasar y rodar". Éstas hicieron un viaje del Citlaltepetl a Xalatlaco. Allí llovieron, murieron, se convirtieron en dos famosos héroes. Las nubes sí saben pasar. Las nubes sí sienten cuando resbalan. Panoa y Mimiloa tenían la parte inferior aplanada y gris, y la parte superior, blanca y esponjada. Fueron dos grandes nubes.

La Tierra, la Madre Cihuacóatl, camina muy lento, apenas si respira, apenas si se remueve. No sabe enseñar el movimiento a los hombres. El Mar, Uextocíhuatl, se mueve con movimiento bello y preciso. El Mar es aparte. Los hombres, que no saben moverse, que van de un lado a otro tan sin compás y sin ritmo, le tienen pavor y temblor al movimiento eterno del Mar. Si tuvieran paciencia de muro y no anduvieran con sus prisas, si lo contemplaran con cariño, cada gotita de agua salada llevando en su corazón la luz del sol sería la mejor maestra en el difícil arte de resbalarse sobre la cara de la Tierra.

Si los hombres se movieran como se mueve su ser en el fondo de sus almas, todos serían como ríos tranquilos, majestuosos, achocolatados, negros de muerte, amarillos, espesos, fecundos, limosos, fuertes como leones, silenciosos, estruendosos, celestes, azules. Las nubes sí saben moverse.

Panoa y Mimiloa brotaron una mañana de primavera en la cima del Citlaltepetl. El Tlaloc que vive allí, con su faz azul y blanca de hielo y de viento, las modeló, las cargó de bellos cántaros llenos de agua, las esponjó y las encaló. Panoa y Mimiloa rodaron por los celestes atajos del sol en dirección a Xalatlaco. Allí en el templo del Tláloc, el pueblo quemaba incienso y se clavaba puntas de maguey en las pantorrillas y en las orejas. Allí no llovía. El dios mandó a Panoa y Mimiloa para que llovieran. Iban con prisa pero sin perder la majestad y la hermosura en el pasar. No pierden la conciencia, en gozo y llanto, de su contínuo resbalar hacia la muerte. No se detienen. No se paran.
No dudan. Se deslizan sobre la tierra como la multitud de las sensaciones sobre las pieles de los hombres.

Allí van. Allí ruedan sobre la llanura de Amozoc. Allí arde la tierra blanca. Así hablan los cactus unos con otros:
    – ¡Mira qué bellas nubes!
    – Parecen bolas de pluma de garza, parecen penachos de guerrero muerto en batalla.
    – ¡Ei! ¿Cómo os llamáis?

Ellas responden sin detenerse a platicar, sin cambiar de dirección:

    – Panoa y Mimiloa. Pasar y Rodar.
    – ¿Por qué no llovéis aquí? ¿Creéis que nuestras provisiones son eternas? ¿No sois acaso nubes? ¿Por qué pasais sin deteneros siquiera?
    – Vamos a Xalatlaco. Allí nos esperan. No podemos daros agua. Aprended a pasar y rodar.
    – Pasar y rodar ya sabemos. Enseñad a los cholultecas. Esos sí que no saben pasar ni rodar.

Panoa y Mimiloa pasaron rodando sobre la gran Cholula. ¿Cómo pueden los hombres ofrecer sacrificios y adorar a los dioses sin saber pasar y rodar? ¿No es lo mismo adorar que pasar con consciencia? Pero no. Allí van los cholultecas de un lado a otro de las pirámides y de las iglesias, bordando ornamentos vistosos, encalando altares, barriendo los atrios, destazando y quemando las víctimas, devorando las hostias, predicando las guerras y las iras de los dioses, enseñando a los niños las jerarquías, los calendarios y las teologías, atando las tilmas de los jóvenes, lavando a los recién nacidos, amortajando a los príncipes, incensando, poniendo los brazos en cruz, impetrando cosechas, encauzando procesiones . . . Pero no saben pasar, ni rodar, nunca se han detenido a escuchar cómo pasan y ruedan sus esenciales ruedas.

    – ¡Ei! Cholultecas. Somos Panoa y Mimiloa, aprended a pasar y rodar.

Pero los cholultecas se agitan, se precipitan y se tropiezan. No son para echar una miradita hacia el cielo, donde dicen que viven sus dioses. Panoa y Mimiloa siguen de frente. Calladas y serias. La una se goza en el rozar de la otra. La una contiene su respiración para escuchar el tránsito de la otra. Se contemplan pasando y rodando. Se ríen y luego se entristecen un poquito nada más. Esto es amor. Así y en tal forma pasan sobre Cuauhnáhuac. Allí se encuentran a otras compañeras que vienen del Sur pero se deslizan más bajo que ellas. Allí en Cuauhnáhuac crecen las milpas; desde arriba vénse como collares de esmeraldas. Cada milpa es un canto, es una palabra perfecta de la madre tierra. Así es lo que hablan, así dialogan:

    – ¡Qué bellas nubes, hermana milpita! No, no éstas . . . Ésas dos que van más arriba.

– Parecen los ayates de algodón de dos ancianos que meditan discursos de prudencia y de sabiduría.
– ¡Ei! ¿Cómo os llamáis?

Ellas, sin dejar un instante de deslizarse, así responden con cortesía y ternura:

– Panoa y Mimiloa. Pasar y rodar.
– ¿Por qué no llovéis? ¿Por qué no caéis, convertidas en alegres y bendecidas gotas de lluvia? Vosotras tenéis que bajar; nosotras, subir.
– ¿De dónde venís?
– Somos hijas del Tlaloc del Citlaltépetl y vamos a perecer a Xalatlaco porque allí se mueren los perros, los niños y los mayores. Allí tienen sed. Agua no podemos daros. Aprended a pasar y rodar.
– Pasar y rodar ya sabemos, por eso nos véis tan serenas, tan frescas, tan verdes, tan suaves, tan joyas. Enseñad a los tlalhuicas, hermanas nubes. Los tlalhuicas no saben pasar y rodar.

Y en verdad que no saben pasar y rodar. ¿Cómo pueden estos tlalhuicas apresurarse tanto a morir sin saber pasar y rodar? Allí van de un lado a otro, prestos a guerrear las guerras floridas contra los mexica. Blanden sus escudos adornados de pluma; danzan pintarrajeados de blanco, rojo, amarillo y negro; hacen silbar sus macanas; desfilan en orden para amedrentar al enemigo; entierran las obsidianas en las pieles de los contrarios; gritan y vociferan; aúllan de dolor; conducen a los cautivos hacia las jaulas de madera; los padrinos del sacrificio escogen a los esclavos mejor formados; arrastran a los caídos en el campo de batalla; recogen los despojos ensangrentados de los cadáveres, tañen atabales y chirimías . . . , pero de pasar y rodar ni se acuerdan. Ni se sientan a saborear la llegada de la hermana muerte, la cita más importante, sino que se lanzan corriendo a salirle al encuentro. ¿Cómo pueden los hombres morir sin gozar y llorar su pasar y rodar?

Allá van Panoa y Mimiloa. Son dos grandes nubes. Atraviesan las montañas al sur del Anáhuac. Ya ven llegar su fin. Ya ven Xalatlaco. Allí está Tilapa. Allí Coatepec. Allí Tianguistenco. Allí se encontraron ejército, negras nubes que suben del Sur. Allí es el encuentro. Allí quebraron los jarros. Allí sintieron el frío y el choque. Allí se desgarran.
Allí ya se mueren.

No hay segundo más tiniebla que ese acelerar, ese crujir, ese precipitarse, ese desplome hacia abajo. Allí bajan Panoa y Mimiloa, convertidos en riachuelos, en torrentes, en charcos, en lagunas, en pozos, en estanques, en verde vida, en maíz, en sonrisa, en fuertes varones y hermosas doncellas.

Esa tarde mientras caía el gran aguacero que salvó a Xalatlaco nacieron en aquella marca matlatzinca dos gemelos. El dios Tlaloc ordenó que se llamaran Panoa y Mimiloa. Ahora váis a saber lo que hicieron estos dos héroes. Algo hasta hoy desconocido y nunca antes visto. Panoa y Mimiloa no fueron sacerdotes del dios Tlaloc, ni valientes caballeros Águila-Tigre. Ellos dijeron:

– Vamos a enseñar a los mexica el pasar y rodar.

Entonces se fueron a un cerro que está al lado de Xalatlaco. Allí se sentaron con las piernas cruzadas uno frente al otro, desnudos, fuertes y jóvenes, y cerraron los ojos tan sólo un instante. Primero dejaron de oír a los pájaros; después ya no escucharon los hachazos de los leñadores ni el escándalo de la tormenta. Ya ni sintieron las brasas del sol cuando se carga sobre los hombros, ni sintieron los puñales helados de las estrellas durante la noche. Venían las hormigas y caminaban sobre su cuerpo; jugaban las moscas en sus labios y párpados. Venían los ocelotes para afilar las uñas en sus espaldas y las águilas hincaban sus garras en sus descubiertas cabezas. Sólo quedó la respiración, el hambre y la sed, la circulación y la corrupción. Primero se fueron el hambre y la sed. Después dejaron de oír el tránsito de la sangre y la entrada y salida del aire.

Entonces se hizo el paréntesis, el hueco, la pausa, la abolladura, el corte, el tartamudeo, el tropiezo, la retención, el pavor, el descanso, el suspiro, el silencio, el éxtasis, la transfiguración del Señor. Entonces oyeron pasar a su ser en el centro de su ser.

Como si todo lo que habita en el cielo y en la tierra se ordenara en majestuoso desfile, a una señal dada desde arriba, en una dirección desconocida más certera, todo adentro de uno en un ritmo bellísimo. Todos juntos, mezclados y ordenados: los dioses con las milpas, los mares y las hormigas, las estrellas con las cihuapipiltzin, las rosas, las casas, las aves, los bosques. Todo adentro en desfile. El ruido, el estruendo y el alboroto fueron enormes. Panoa y Mimiloa buscaron esconderse en sus adentros de ellos mismos así engarruñados, apeluzcados, apretujándose en los rincones para gozar del desfile sin que éste los arrastrara . . . El desfile marchó un segundo tan sólo pero fue para los siglos recordarse. Cuando abren los ojos ya empiezan a sentir, a respirar, a circular; ya están con el hambre y la sed, la lágrima y la carcajada.

Se ven y contemplan el uno al otro, los dos grandes héroes de Xalatlaco: Panoa y Mimiloa. Ya son dos ancianos, ya están encorvados, blancos sus cabellos, agarrotados los dedos, arrugados los rostros, agrietadas

las voces, débiles los huesos, helados los nervios. Ya bajan del cerro y caminan por el atajo que va a Xalatlaco. Allá está
Tilapa, allá Coatepec, allá Tianguistenco. Ya nadie sale a saludarlos. Ya no entienden la lengua. Los regañan porque van desnudos, llorando de gozo. Unas muchachas les gritan: ¡borrachos hediondos! Ya pasaron cien años.

RELATO DE LA SÉPTIMA LUNA

Olegario Alatriste pertenece a San Agustín Chimalhuacán. Ahí se respiraba un aire limpio de laguna en agonía, un aire blanco de tierra lenta y ropa recién puesta a secar. Era el agua de los pozos, gris y calmuda porque despacio va bajando desde el cerro Chimalhuache, porque baja reposando, sin nada de prisas y sobresaltos. Dice Olegario:

– ¿Con cuál labor de mis manos me voy a ganar los pesos para comer, beber, hacer fiesta y vestir a mis hijos?

Le responden los ancianos del pueblo, los viejos y las viejas, el compadre Lucio:

– Los de San Agustín Chimalhuacán son bañeros allá en la sucia ciudad de México. Es buen oficio el de bañero y muy antiguo, Olegario. Sé bañero.

Entonces Olegario se va a la ciudad a bañar a las gentes sucias que tienen que comprar el agua a 20, a 30 pesos y gústales el agua hecha vapor que limpia la mugre de raíz. Entra a trabajar a los baños " La Luna " y allí se gana unos cuantos pesos diarios a cambio de dar masajes, cortar uñas y traer jugos, toallas, navajas y jabones.

Y sucedió un día que entró a los baños un inmenso gordo, sucio que asco daba. Se desnudó, pidió una toalla y se metió al turco a sudar chorros y chorros. Como a la media hora, el gordo llamó al Olegario para que lo lavara . . .

– ¿Quiérelo suave o fuertecito, patroncito, con zacate o con jabón.

Y Olegario talla que talla al descomunal gordo, con todas sus fuerzas y las del zacate, pero esa blanca extensa piel de diablo panzón en nada se limpia. Trae como manchas de aceite de camión. Mientras más lo talla, más anochecen las manchas. Así se acabó dos jabones tamaño grande . . . Y el Olegario sopla que resopla, y después de una hora, agotado y al final de sus alientos, se sienta a descansar.

– ¿Pos dónde se fue a meter?—Y el cliente que se levanta gritando y maldiciendo.

– Pos ultimadamente eso qué chingaos te importa, ¡indio huevón! Por eso te pago . . . A trabajar, ¡indio huevón!

Pero ya ni se pudo levantar; cerró los ojos y se entregó a su total fatiga. Ya ni alientos tuvo para contestarle . . . Y se perdió un ratito nomás. Cuando abre los ojos, el panzón se ha esfumado y frente a Olegario se yergue, imponente, el Gran Cerdo de Occidente con unos colmillos como cuchillos de matancero y la jeta aventada para atrás. Y ¡qué de gruñidos daba! Entonces el Gran Cerdo, con toda su mole se le echó encima y se lo tragó enterito. Olegario pasó tres noches en la panza de la Bestia, llena de vapores nauseabundos: olía a orines y a colillas; pero ¡oh sorpresa! en su mano, quién sabe cómo, había guardado un sobrecito con tres cuchillas. Durante la primera noche, sacó una cuchilla y la afiló en la callosa palma de la mano izquierda; y entonces la hundió con fuerza en la gruesa pared de la barriga de ese cerdo-dragón. Y falló: la cuchilla se quebró y se perdió en los pliegues. Fue la primera noche, la más larga y sangrienta de las tres. La oscuridad era completa pero a lo lejos se oían gritos de hermanos de raza pidiendo auxilio; se escuchaban otras lenguas dando órdenes y muchos lamentos, llantos y alaridos y –como dando el ritmo a tan infernal concierto– el restallar de un látigo. Una luz como luciérnaga brilló en las espesas tinieblas y vino entonces el segundo intento y la segunda noche en esa infame prisión que no lograba digerirlo.

Sacó la segunda delgada cuchilla, afianzándola con las dos manos y la hundió lentamente, pero también se quebró. Esa segunda noche fue más breve pues apenas duró la tercera parte que la primera. En ella se escuchaban los gritos de los caporales de las haciendas y los insultos altaneros de los dueños de las tiendas de raya, y, marcando el ritmo de la horrenda algarabía, el mismo látigo un tono más bajo y más espaciado. Esta noche, sin embargo fue valiosa, pues Olegario aprendió quiénes intentaban exterminarlo.

Y por fin llegaron el tercer intento y la tercera y más breve noche. En ella se escuchaban descargas de armas de fuego de todos los calibres y las sirenas de las patrullas y de las ambulancias. Pero ya se había abierto un agujero por el que entraba la luz.

En esta noche Olegario aprendió quiénes serían sus aliados en la lucha contra el Gran Cerdo de Occidente. El bañero, entonces, se encomendó a su santo patrono, antes del último intento:

– Yo te prometo, Santo Patroncito, de matar en tu honor cuatro cerdos, si es que me liberas de la panza de este quinto.

Y con la tercera cuchilla desfondó la gruesa barriga del Gran Cerdo de Occidente.

A los pies del Olegario quedaban la negra sangre y las hediondas tripas.

Respiró hondo, quiso hinchar los pulmones, pero el aire le sabía a sucio. Sentía ahogarse en México-

Tenochtitlan y huyó hasta su tierra, Chimalhuacán; y, como era ya de noche avanzada, alueguito se metió entre las cobijas con su mujer, pero ésta se despertó y a patadas lo sacó de la cama y prendió la luz para ver qué diablos apestaba tanto.

Entonces el Olegario vio con susto que su piel morena traía como manchas de aceite quemado de camión.

– ¿¡Pues dónde te fuiste a meter!? ¡Semejante marrano! . . . Anda vete a lavar al pozo porque hueles a todas las coladeras de la ciudad.

El Olegario se salió al patio de su casa y se lavó con el agua gris del pozo pero esas manchas no se quisieron borrar.

– Y ora qué voy a hacer, si mi mujer ya no me recibe, a causa de esta hediondez . . . .

Y como que le estaban entrando ganar de chillar cuando y que se le aparece nada menos que el mismo patroncito, el de Hypongas, allí junto al brocal del pozo. Venía desnudo, vestido nomás con la tenue luz de una luna menguante.

– ¿Qué te aqueja, Olegario?

– Pos nomás mira estas manchas que no se quieren borrar . . .

– A ver, Olegario, métete al pozo.

El Olegario bajó luego, los pies en el cubo, mientras San Agustín sostenía con la cuerda su medio peso, hasta que sintió el agua alrededor de su cuerpo . . .

– Ahí nomás, patroncito.

– Shshsh, Olegario, estate en silencio . . .

Y, luego de un rato . . .

– . . . Para la oreja ¿qué oyes?

El silencio del pozo se concentró, y allí en las lejanías del agua y la tierra, en el horizonte de la noche . . .

– Oigo como chirimías, como atabales, como cenzontles . . .

– Shshsh, deja que el viejo sonido limpie tu piel.

Y después de un momento de borrachito:

– Ahora para la nariz . . .

La humedad se concentra hasta colarse, quién sabe de dónde, un tufillo . . .

– Huelo a copal y a la fragancia de muchas flores, el hueledenoche, y huelo también la fragancia del palo que aún crece en el Chimalhuache.

– Shshsh, deja que el olor sencillo te limpie la piel . . . , y ahora para la piel ¿qué es lo que toca?

Olegario no se movió y el agua limpia que de la antigua laguna escondida estaba lo traspasó de parte a parte, y se acordó de su mujer que lo esperaba en la cama.

– Ji ji ji, siento retihartas cosquillas, muy sabrosas cosquillas como cuando estoy con mi mujer.

Cuando Olegario llega arriba, ve que ya no está el patroncito, el de Hypongas; el anciano vestido con la luz de la luna ya no está. En su lugar se encuentra un hombre blanco fuerte y maduro, con el signo del quincuncio en su pecho velludo, un penacho de plumas las más bellas que en su vida viera el Olegario. Lleva un calzón de blanco algodón y cascabeles en los tobillos. Es el Señor de la Aurora, Tlazcalpantecuhtli. Éste lo ausculta en la piel palmo a palmo a la luz de una uña de luna, casi casi con el frío que anuncia la aurora. Ambos comprueban la tersura, la calidad, la fragancia y la tibieza de la nueva piel, una morena piel color olivo. Riendo, dícele:

– Anda, cabecilla, véte a darle gusto a tu mujer.

RELATO DE LA OCTAVA LUNA

Entonces se escondía, se recogía, se encogía como un ovillo, juntaba rodillas con cachetes, y las palmas de la mano con orejas, se hacía bolita en aquel seno imaginario tratando de conciliar el sueño, y en esta postura permanecía horas enteras hasta que el puñal y el limón del viento le ganaban a su imaginación, y entonces el dolor como presa rota se venía abajo arrastrando a su paso aquel seno-cobija.

Es el rudo despertar, el sobresalto, la corrediza, el tiritar, la llaga viva, siempre viva. Entonces los 24 Mochiyeya, sentados en Pilcaya, cobijados y fumantes se balanceaban entre uno y otro, repitiendo las mismas frases, al verlo pasar desnudo y ansioso.

> – Tiene la piel llagada, vése mal . . .
> – Difícil es hacer plática con éste . . .
> – Carece de la más elemental educación . . .
> – Hasta le duele si lo ves . . .
> – Duélenle las palabras que le diriges . . .

Y después de toda clase de comentarios irónicos se ponían a platicar sobre sus cosas, carruajes, haciendas, trapiches, cantinas. Eran los 24, unos 24 latiguillos, que desde un tiempo para acá le habían agarrado inquina al Xipe. Decíanse sus amigos. Sus consejeros, pero en el fondo no eran sino aguaceros, chiflidos agudos en plazas y patios.

Pero ¿por qué teníanle envidia? Los 24 eran ricos en tierra e hijos, y el pueblo de Pilcaya los reverenciaba como a sus raíces y su palabra. El Xipe, en cambio, estaba pobre y desnudo, sin mujer y sin hijos, y el pueblo lo tomaba en cuenta como piedra cualquiera del camino. Y sin embargo lo envidiaban.

Ésta es una copla que inventaron los del pueblo:

Son todos puertas abiertas
Corrientes de aire frío
Los patios desamparados
La plata detrás del vidrio

Eran unos enormes patios abiertos al polvo, a las pisadas y al sol; una pandilla de despiadados patios con su punto de reunión en Pilcaya . . . Como si tomaras la mitad de una naranja, allí tienes 24 gajos que se juntan en un centro. El centro se llama Pilcaya y ellos son los abuelos Mochiyeya que se plantan y se fijan bajo el sol perpendicular para no verse las sombras.

Se extienden horizontalmente sin perder resquicio o grieta. Son losas y no ofrecen abrigo. Y allá va el Xipe, la sombra, el grito que avanza, alarido sin boca, inestabilidad y zigzag. Apenas pisa las losas y ya siente que le alfilerean las plantas de los pies. Y corre desnudo, ya por un lado ya por el otro, cuando de pronto, un ventarrón lo avienta a la derecha y luego a la izquierda, pierde el equilibrio, resbala, cae sobre un muslo, raspándose manos y cara.

Los 24 Mochiyeya agarrados de la mano y héte aquí la planicie de la tierra de mar a mar: bebedores regordetes, calientitos burgueses, la mitad conservadores, la mitad liberales, que se sientan a contar y recontar frente a la multitud de sus parientes los interesantísimos sucesos que sólo a ellos les suelen acontecer.

Xipe ya se estaba fastidiando. Iba del uno al dos, y del dos al tres hasta llegar al 24, y del uno al 24 siempre los mismos vientos, el mismo sol que lo quema, lo agrieta, lo llaga, y del uno al 24 ni una miserable pared de adobe con tristes barbas de hierba o de fuertes ladrillos saludablemente anaranjados: la despiadada extensión de los 24 Mochiyeya, el despiadado equilibrio, la despiadada relación entre ellos, todos unidos, trabados, una gran familia.

Una noche benigna sin luna, y llena de estrellas, soplaba un viento caliente del sur que había entibiado las losas de la gran plaza que eran los 24 Mochiyeya. Xipe dejó de correr y refugiarse, de aullar como perro y de frotarse los costados. Pensó un poco, lloró otro poco, se hizo ovillo, se imaginó dentro del seno envuelto en cobija. Enfurruñado estaba y muy de malas, tanto que se le escapó un deseo que le ganó a la voluntad: "Después de todo ya no es justo que viva corriendo . . . ¡Quién tuviera una pared, unos muros, un pellejo, cobijas, pero si todo en Pilcaya es losa de mar a mar, ¿de dónde sacaré yo adobe?".

Los 24 lo oyeron. Por un momento dejaron de parlotear frente a la multitud de sus esposas, hijos, sirvientes. Se codeaban guiñando los ojos:

– A ver, vamos a ver, de donde consigue adobe, barro, ladrillos

Y al codearse se apretaban más entre sí para unirse más y las uñas del Xipe no pudieran arrancar ni una losa.

Desde su santuario el Señor de Chalma escuchó la plegaria:

– Verdad de Dios que le haremos justicia. ¿No lo piensa así mi Señor Padre? ¿No lo piensa la Divina Chachalaca? Hagamos tres muros a nuestra imagen y semejanza . . . No, mejor cuatro, y que sean de tezontle.

A la mañana siguiente, que se despierta el Xipe y un vientecillo del norte ya lo estaba flechando por la espalda: otra vez su vida de perro diaria, pero al pasar corriendo por el sitio donde se juntan los 24 Mochiyeya, ahí mismo en Pilcaya vio cuatro muros y se alegró. Entró por el muro que tenía un boquete y se hizo ovillo en uno de los cuatro rincones, aún con la respiración agitada:

– Ahora sí ya no tengo que imaginar aquel seno.

El sol por octubre nomás una hora lo calentaba cuando caía sesgado, pero el viento ya nunca supo lo que era la piel del Xipe. Éste se arrinconaba ya en una esquina ya en la otra. Les puso sus nombres a las cuatro esquinas: "norte" era la esquina cobija contra el viento negro de los puñales; "oriente" la esquina que apunta al sol niño y joven; "sur" la esquina cobija contra el polvo que se alevanta antes del aguacero; "poniente" la esquina que apunta a donde el sol se muere.

Luego alueguito comenzó a dialogar, las piernas cruzadas, con las cuatro esquinas del mundo dividiendo a las cosas que se mueven y las que no se mueven entre las cuatro, como jugando a las esquinas. Cuando hubo colocado todo respiró complacido:

– ¡Cuánto trabajo! ¡Cuánta sabiduría! ¡Cada hora acomodo algo!

Los Mochiyeya se morían de envidia. Legañosos, por primera vez de pie, se reunieron alrededor de la casa en Pilcaya y dijeron:
– Hagamos un temblorcito.

Al cabo que eran los dueños de la Bolsa. Los 24 se estuvieron balanceando y meciendo bien trabados de los brazos con el único resultado de que allí, en el sitio en donde todos se juntan como se juntan los gajos del limón en un centro se abrió un agujero del tamaño de una cabeza y brotó un manantial de agua caliente al que el Xipe llamó Moxopapaca porque en él metió los pies.

Con esto ya no se atrevieron a temblar más los 24 Mochiyeya porque temieron que con otro temblor sus limpios patios se agrietarían separándose las losas y dividiéndose tan rancia y antigua familia, la Familia. Estuvieron dándole vueltas a sus palabras hasta que convinieron en un plan: le llevaron la hija del undécimo Mochiyeya, lo casaron y lo hicieron familia, el vigésimo quinto Mochiyeya, el más joven y sabio ingeniero, la esperanza y el progreso, el renuevo.

Gran banquete le hicieron y ésta fue la forma como lo vencieron. Así dicen que dijo revoloteando la Divina Chachalaca:

— Éste simpático Xipe, este yerno, el Yerno, ya no vive en el borde, ya no está tasajeada su alma como tejón descuartizado, ya embotaron su filo de obsidiana; ya dejó de dolerle su soy; ya le ha crecido la piel color del copal, ¡ya es Mochiyeya!

Transforma las cosas, dialoga con ellas, juega con ellas a los cuatro rincones, a las cuatro esquinas del mundo. Entretenido anda con los números, contando del uno al cuatro, y del uno al 24, y cada noche cuenta las estrellas y, como no termina, cada noche vuelve a comenzar. Durante el día, duerme y engorda, goza y procrea Mochiyeyas.

Dicen que el Chalma anda por ahí diciendo:

— Papá, ¿qué es del muchacho aquel? ¿qué es de aquel despellejado?
¿qué se hizo de Nuestro Señor el Desollado?

— ¿Qué crees m'hijo? Ya encontró su lugar, su hormiguero, su mata, su agujero; ya está bien trabado . . . Déjalo en paz, ora hasta la resurrección.

Y la Chachalaca revoloteando sobre Pilcaya:

— ¿Xipe en el borde, con su soy muy punzante, o Xipe, el 25 Mochiyeya con los pies calientitos en Moxopapaca? ¿Xipe abierto en canal o Xipe en Pilcaya?

RELATO DE LA NOVENA LUNA

Por entonces no había cátedra para los profetas, ni púlpito, ni estrado, ni siquiera la sombra de un árbol. Todo lo hacían los católicos y los jefes de tránsito de los católicos. Los jefes de tránsito, si es que subían a hablar, subían a dar órdenes:

– Eh, tú, vas mal, agarra a la izquierda . . .

– Eh, amigo, te vas a perder si te metes por ahí; baja derecho . . .

Los católicos eran cinco mil. Los jefes de tránsito eran diez. Cada uno le hablaba, le daba órdenes, a quinientos. Por eso cuando apareció el Míquiz y comenzó a perturbar la paz de la población con sus desaforados alaridos sobre temas tales como la Vida, el Amor o la Muerte –que nunca antes habían anunciado por la Televisión–, muchos responsables católicos de Cuitlapa fueron a querellarse con los jefes de tránsito:

– Como católicos conscientes de nuestra vocación a la visión de la Televisión les suplicamos que pongan un dique a la palabrería del Míquiz.

Y por eso el tal Míquiz huyó a la barranca, a una cueva junto al río.

Pero el Míquiz era un profeta de los últimos permitidos por el Mixtli: flaco, anochecido, membrudo, barbón, hirsuto, neurasténico.

También ¿cómo no iba a estar más que neurasténico si nunca lo dejaban hablar, si nunca le permitían descansar de la enorme piedra que llevaba sobre su espalda?

Porque ¡cómo le pesaba la palabra al miserable! Se pasaba noches enteras gritándoles a los alacranes y a los tejones. Pero, claro, no es lo mismo. Se decía para consolarse:

– También son éstas creaturas del Otro.

Pero, mire Ud, los alacranes son más que aburridos y los tejones muy inquietos y glotones, y el profeta necesita ver los ojos en donde vierte la palabra; así que estos auditorios en nada lo consolaban. Aunque, después de todo, ya le venía bien este destierro de Cuitlapa; ya estaba más que cansado de los católicos y de los jefes de tránsito de los católicos.

Y sin embargo había sido enviado a éstos y no a los de Malinaltenango, ni a los del Platanar, ni a los del Uvalar, todos sin comparación menos rejegos que los católicos de Cuitlapa. La verdad es que desde el fondo de su corazón sentíase íntimamente enviado a Cuitlapa, para acabar con las televisiones de Cuitlapa.

Televisión son cajas en donde se ven cosas que pasan lejos pero que igualmente pueden pasar cerca. El peligro reside en que por ver lo de lejos los de Cuitlapa se olvidaban de mirar lo de cerca. Eso no quiere decir que al Míquiz no le hubiera gustado la Televisión, es más, en sus buenos tiempos había sido un fervoroso vidente de la Madre Televisión. Pero un día había ido al Potrero . . .

El Potrero está bajo la luna caliente de abril. El Potrero está sobre el río revuelto, pero muy muy arriba. En el Potrero no hay televisiones y el Míquiz había hecho un gran coraje porque su tío Braulio lo había mandado esa noche a cuidar los animales.

Les estuvo mentando la madre a las chicharras hasta quedarse dormido.

Como a la media noche lo despertó el silencio. Se sentó a oír el silencio y supo que en el centro del silencio, en su hueco mismo, pasaban las aguas lejanas. Sintió cosquillas y burbujitas en el pensamiento. Desde aquella noche volvió otras muchas al Potrero hasta que tuvo la Cercavisión.

Estaba mirando una lunilla joven de cuatro días de edad y estaba oyendo el silencio cuando héte aquí que salta la chispa: de su frente lisa al cielo negro y caliente, una descarga como patada de burro manadero.

Vió el Agua, todo el universo, agua en movimiento.

Vió la Sangre, el agua en él pasando, montañas de agua en movimiento.

Vió al Espíritu que bajaba al Potrero en forma de chachalaca y se posaba sobre la Tierra Firme.

Cuarenta días anduvo errante, saltando y danzando de felicidad. Tal había sido la energía que la Chispa le infundiera. A partir de la Cercavisión, aquel blando, fofo, regordete, abúlico y equilibrado cuitlapense se convirtió en el rudo y salvaje Míquiz.

Míquiz fue enviado a Cuitlapa; un profeta no escoge el sitio en el que da de alaridos. Siquiera un apóstol va de aquí para allá, escoge y si no le gusta, escupe y se va. Siquiera un sacerdote, callado se está, haciendo visajes frente a su altar. Pero al profeta y al rey les escogen sus sitios, de a tiro los friegan.

Míquiz fue enviado a Cuitlapa. Míquiz los quería llevar al Potrero, pero ellos no querían porque iban a perderse los programas de la Televisión.

Profecía del Míquiz:

> *Hijos de tejón y de cerdo más que huevones, cuitlapenses, dejad, abandonad vuestras estúpidas televisiones; destrozad las pantallas, el ojo guiñador de Satán; cegad las antenas; pisotead los selectores; estrellad los filtros; quemad los magnetoscopios para que seais libres e id al Potrero debajo de la luna caliente y arriba del río lejano y así salte la Chispa y tengais Cercavisión y todas las cosas nazcan de nuevo y ya después, después del silencio, descubrais que todo todo es Agua y el Agua en vosotros la Sangre y en el grito de la Sangre, la Chachalaca divina os muestre por fin la única Tierra Firme. ¡Id cuitlapenses, id al Potrero! ¡Hijos del armadillo y engendros del puerco!*

(Fin de la Profecía del Míquiz.)

Pero ni uno solo quebró su televisión.

Cerraron las ventanas, conectaron los auriculares a sus aparatos y seleccionaron los canales, confortablemente enconchados en sus divanes, por medio de elecontroles.

¡No hay mayor felicidad en la tierra para un católico!

Y a pesar de los pesares, el Míquiz estaba enviado a los católicos de Cuitlapa y a sus jefes de tránsito.

Desterrado como se hallaba en una cueva de la barranca junto al río tramaba su retorno a Cuitlapa, descargándose del peso de la palabra sobre los alacranes y los tejones.

Después de seis meses de cueva, de río, de rocas y de tejones el Míquiz pensó:

> – Y ¿qué distancia hay de la Televisión a la Cercavisión? ¿Y por qué despertar a los amodorrados, si la vigilia y el sueño son el mismo truco? ¿Y por qué llevar a la gente bajo la luna caliente si el Potrero y Cuitlapa al fin de cuentas son lugares?

Los tejones reían.

> – Un desierto hace a un profeta.

El segundo desierto engendra filosofía.

Lo peor que le puede suceder a un desarrapado profeta es verse convertido en un rasurado filósofo. Y que se asusta el Míquiz y que se me hinca, y que se me pone a rezar y que se me pone a llorar:

– Divina Chachalaca . . . Chachalaca divina, la Chispa concédeme, dáme la Chispa.

La chispa se hizo esperar veintisiete días y medio pero al fin llegó. El río pasaba turbulento y negro enlodando el piso de la cueva. Los animalitos ponzoñosos secaban sus camisetas en las musgosas rocas y los bien cebados armadillos discutían sobre arquitectura en medio de la oscuridad cuando, de pronto, *chshrrrishch*, que llega la Chispa, y el Míquiz al recibir la descarga pegó un salto tan epiléptico que se golpeó la ceja derecha con una roca rasposa y la cara se llenó de sangre. Y se posesionó de él nuevamente la visión total, la deslumbrante luz amenazante, aplastante, bramadora, mugidora como mar de cometas desplomándose sobre de él.

Era lo Otro, lo Fuerte, lo Santo, lo Nefando, lo Terrible, lo Otro.

Sin cara y sin caricia, sin pena y sin pensamiento, sin todo y sin nada.

Un "Sin" redondo y perfecto.

Y que me lo deja revolcándose en el lodo como marrano vomitado, los ojos saltones casi fuera de su órbita, la baba y el espumarajo sanguinolento sobre la barba, que se entiende bien batido. Los tejones suplican al espectro azul de una niña descalza y moquienta que en ese momento, al ver tal juego de luces, se asomaba por la boca de la cueva:

– Véte niñita, por tu madre véte de aquí, mira que te vas a asustar de a deveras. Véte a jugar con tus huesos por otro lado.

Esta vez como que se le pasó la mano al Otro porque el Míquiz comenzó a oírnos como estallidos de sirenas en nota tan alta que se puso a gritar desaforadamente hasta la extinción de la voz y de la oreja.

Allí está en el lodo oscuro y frío de la cueva, sordo y mudo, rodeado por las alimañas revuélquese y revuélquese.

A la madrugada del día siguiente el Míquiz bajó al río, se bañó, lavó su ropa y mientras su ropa se seca, se sienta desnudo sobre una enorme roca gris muy resbalosa que está a la mitad del río y que se puede divisar desde el puente viejo que lleva al Platanar. Está ido, idiota, en babia, pensando tan sólo en volver a Cuitlapa para profetizar contra la Televisión y llevar a su pueblo rejego, mil veces rejego, a la bendición de la Cercavisión.

Con cierto orgullo dícele mamá alacrán a su cría:

– Ya de nuevo tenemos profeta.

RELATO DE
LA DÉCIMA LUNA

Después que flecharon los de Taxco a Sebastián el minero, allí nomás fue dejado, a un lado de la cuneta fue aventado, y allí nomás se quedó frente al sol con cinco riachuelillos sobre el cuerpo desnudo desde esas flechas a la seca tierra. Dizque estaba bien muerto, bien rematado cuando se alejaron los flechadores de Taxco güaseando por el camino. Dándose de palmadas, diciendo sartas de sandeces, tontería y media, haciendo competencias de a ver quién escupe más lejos, entre risotadas procaces . . . Alejábanse dejándolo solo, a él con su alma como canario que se estrella contra la jaula, a él y su abismo porque el alma adherida a él estaba, adentro revoloteaba buscando una salida para escapar, pero las flechas taponaban las heridas; y el sol, omnipotente, blanco y fuerte, afuera. Hasta hicieron bien dejándolo solo para que saboreara, como una isla al océano, toda su muerte.

Ni rezos, ni cantos, ni cirios, ni zahumadores. Ni lloros, ni cuchicheos, ni risitas, ni sollozos. Él, Sebastián, solito y su muerte. Afuera zumbaban los moscardones, los colibríes; debajo de su gravedad rascaban los escarabajos. El sol se fundía sobre Sebastián minero cuando se le acercó un perrito cojo y tiñoso, que se puso a lamer su sangre, los cinco hilillos de sangre. El perrito era nada menos que el dios Xolotl. Sentía él envidia de la muerte del Sebastián porque era muerte de dios y no de humano. No quería que muriera.

Le lamió los hoyitos alrededor de las flechas clavadas y como es milagrosa esa salivita del dios ya no sintió ningún dolor cuando le arrancó las flechas con el hocico; mordiéndolo de un tobillo lo arrastró poco a poco cabe la sombra junto al agua. Puso después las cinco flechas a un lado del herido y se retiró este can cojo y tiñoso que no es otro que el mismito Xolotl el sangriento.

Cuando se reanimó el Sebastián, cabe la sombra y el agua se irguió, suspiró largo rato contemplando las flechas llenas de sangre coagulada, y entonces cayó en la cuenta del milagro, se hincó, dio gracias al cielo porque prefería la vida de minero a la muerte divina. Respiró pausadamente, tocando con suavidad, casi acariciándolas las cinco heridas, las cinco llagas, las cinco agonías y primero se puso a caminar por la carretera, y luego se puso a trotar de colina en colina, cantando las letanías de Santa Prisca.

Pero héte aquí que le vino un dolor al correr y al respirar; era como un dolor del alma, adentro del corazón y en el tuétano de los huesos. Intrigado y cabizbajo regresó cabe la sombra junto al agua, y aún jadeante, se puso a observar cada una de las flechas y rectificó la ausencia de las puntas de obsidiana ¡las cinco se habían quedado adentro por la malicia del Xolotl!

Ya que supo que tenía adentro de su cuerpo cinco filosas navajas de obsidiana patinando de un lado a otro le comenzaron a doler los movimientos: la conciencia le centró el dolor y el conocimiento le expandió la angustia. Paliducho se puso, la cara magra, cenicientos los brazos ya sin fuerza al igual que las piernas. Se fue entonces al lugar rojo porque sólo hay en el mundo lugares y colores. En el lugar rojo se sentó a meditar sobre su estera de jade y de plata, y ya no quiso moverse más: ni un centímetro de movimiento brotó de algún dedo o de alguna ceja.

Se apagaron los ruidos y los colores, las sílabas y los trinos. El lugar rojo lo concentró en las cinco navajas, las cinco llagas, las cinco agonías pues la obsidiana seguía caminando abriendo viejas heridas y estrenando nuevas, cortando venas y arterias, encajándose en los órganos más escondidos, devastando la materia del cuerpo. Tan lento resbalaban las malhadadas navajas que no mataban, sólo dejaban rastros de cicatrices e íntimos dolores.

El lugar rojo está detrás de Taxco, camino a Teticpac; ahí crecían matorrales y varios tamarindos, ah y también un hormiguero. Como al mes, bajo una luna nueva, salieron las hormigas, valientes mineros enviadas por Quetzalcóatl, y se metieron por los hoyitos que dejaran las flechas persiguiendo las puntas de obsidiana: las encontraron y las sacaron del cuerpo del Sebastián, el minero. Al día siguiente éste seguía agonizando pensando que las flechas en su adentro resbalaban, pero ya ninguna razón había para que agonizara. Y es que ya se le había colado el miedo al movimiento, al latido del corazón, al respiro, al camino . . .

De hecho, cuando comienza esta enfermedad del miedo al movimiento, ya se puede dar uno por perdido; bueno, perdido para el mundo moviente y motor, porque el yo como canica cae en un agujerito y ya de ahí no quiere salir, ya desde ahí sobreviene el desprecio teológico a todos los movimientos sea cual sea el color y lugar de que estén revestidos; de allí al éxtasis, a la nada, a la visión engañosa, a la pascua sin fin sólo hay un paso, paso del dios. La mayoría, después del desprestigio cae en el abismo del quiensabe.

Así fue y aconteció cómo los de Taxco quisieron matar a Sebastián, y así fue y aconteció como las hormiguitas le salvaron su vida: pero ya en el lugar rojo, el Sebastián había aprendido a no moverse y además le había agarrado el gusto: ya su corazón no palpitaba, ya no gruñían sus tripas. No parpadeaba, ni se rascaba, ni respiraba. Una canica en su hoyito.

El Sebastián era de color olivo, su piel verde cetrino, cabello ralo y delgado, una barbilla acerada, rectangulares las enormes manos, frágiles los tobillos y los hombros en colina. Dícele el tamarindo al Sebastián:

— Sebastián, minero taxqueño, olivo y hormiga, ¿a que no sabes una cosa? Pues que ya las hormigas te sacaron las cinco navajas. Balancéate, cruje, florece.

También los matorrales le susurraron:

— Escupe, fuera de ti, las cinco llagas, las cinco agonías, pues que no existen: murmura, reclínate sobre la candente tierra, desperézate.

Y las hormigas:

— Sebastián, las cinco obsidianas ya fueron sacadas: levántate, trabaja, construye, carga ladrillo o plata.

Entonces fue que los plateros de Taxco lo reencontraron. Salieron al campo a orinar y uno de ellos se hizo curioso, vio algo medio raro entre los matorrales y que topa con Sebastián. Y que da un salto para atrás y corrió a avisarles a sus compinches ¡cómo le temblaban las rodillas al muy indino!

— Pues ¿a quién viste, Marcelo?
— No me lo crean, nomás asómense y verán al Sebas.

Ahí van todos corriendo, con algo de miedito por la culpa.

— No, pos sí, es el mero Sebastián, al que matamos ha unos días.

Ha de ser un diablo; todavía tiene las cicatrices de las flechas, pero no se mueve. Vamos a avisar a los del pueblo y reportarlo a las autoridades.

Pero adentro del Sebastián; en ese núcleo del "no te muevas", ¿qué era lo que sucedía? Porque de lo que pasaba afuera ni se enteraba. Ahí adentro era el crepúsculo, era el ocaso, como quien dice entre dos luces: él estaba de pie frente a la montaña grande de su pueblo Tlayacapan, el cerro grande que llaman Tzompapalotzin. Era como en un sueño, y el ambiente era sereno e invitaba a la oración. Él estaba ahí porque iba a haber una erupción y el cerro que no era volcán iba a derramar lava. Estaba alerta y en expectativa pero sin miedo, como quien va a contemplar las luces pirotécnicas de un castillo. Por la derecha le llegaba su compadre Pedro y le daba en la mano algo para comer, pero él no podía apartar su vista del cerro grande y sin embargo aunque no veía lo que se echaba en la boca, comía y sentía la fuerza de lo que comía. Le preguntaba a su compadre qué le había dado para comer pero no entendía sus palabras. Un pájaro desde la oscuridad de un laurel repetía: jícuri, jícuri.

Y afuera ¿qué era lo que pasaba? Se corrió la voz de que habían encontrado al Sebas vivito aunque no coleando, y eso que apenas la semana pasada habían terminado sus rezos y hasta habían ido a dejar su cruz al cementerio. También fueron las autoridades y el síndico y levantaron un acta en la que escribieron que "a pesar de que no registra pálpitos su corazón y de que no se mueve", el Sebastián estaba vivo. Y mientras era el ir y venir de las hormigas cuatalatas para verlo, en el adentro del Sebastián se desarrollaba una magnífica visión. Sus ojos se había tenido que desviar de la montaña porque su visión lateral había detectado extraños movimientos. Los troncos de los árboles eran como piel iridiscente de serpiente. Más bien los troncos de los árboles eran grandes serpientes que se hundían en la tierra. Tuvo un sobresalto, como que quiso nacer un miedo. Luego levantó la vista al cerro y se quedó más que pasmado: era la montaña una enorme serpiente que al enrollarse sobre sí misma cuajaba como Tzompapalotzin. ¡La Montaña! ¡La Serpiente! ¡Era la Madre Coatlicue, la Madre Tierra, la de la falda de serpientes! Y ahí en su mero adentro cayó de rodillas llorando. ¿Era por eso que los blancos cuando llegaron a destruirlo todo, también perseguían a las serpientes y las mataban? ¿Acaso no estaban destruyendo a la Madre Tierra?

Y afuera, después que levantaron el acta, vino el señor obispo a mirar el prodigio del Sebastián resucitado. Cuando el obispo vio que Sebastián estaba en la posición de flor de loto pontificó así:

– Esto no es ningún prodigio, es sólo brujería, aquí huele a azufre, quémenlo inmediatamente.

Pero regresemos con el Sebas y toda la montaña adentro: ahora él estaba en movimiento y caminaba hacia la roca, un gran desprendimiento de Tzompapalotzin que se hallaba a la mitad de la altura del cerro. Subía la pendiente en silencio. Ahora la luna de octubre sacaba su cabezota blanca a sus espaldas, iluminando el camino como si fuera de día. Cuando llegó a la cúspide de la roca se sentó en ella, cara a la luna y la cálida montaña a sus espaldas.

¿Y los de Taxco? Pues qué pensaba usted que estaban haciendo? Alborotados al máximo preparaban la gran fiesta que iban a tener con la quemazón del Sebastián: acarreaban la leña, levantaban el tinglado entre procaces cuchufletas y brindis de cerveza y mezcal.

Desde medio día la gente apartaba su lugar, llevaban sus sillas. No en cualquier día se tatema a un cristiano. Ahora lo traen a él, al Sebastián y entre sones de mariachi y la bendición del obispo le prenden fuego. Pero, adentro, al Sebas no le llegaba ni una chispa; el Sebastián sentía que la montaña a sus espaldas lo abrazaba, y a él entre los pliegues de su chal de verde follaje lo mecía, lo acunaba, y dormido se quedaba, como un bebé en el rebozo de su Madre . . .

RELATO DE LA DECIMO PRIMERA LUNA

Era la mitad del olvido del Dios, del silencio del Dios. Fue una gran distracción, un rotundo silencio. Todos los sonidos de la tierra caían en la tierra como agua sucia vertida sobre el polvo: los trinos, los rugidos, las campanas, las palabras de amor, los ayes de angustia y de dolor, apenas salidos, caían en la tierra y ésta se los tragaba lentamente. También el viento se fue al vacío y ya no refrescaba las sombras y las costras de los corazones. Y así sucedió que cada uno se fue por su propio camino, tirando bardas, pisoteando flores, durmiendo en las cuevas.

Así fue como se disolvieron los pueblos de Oaxaca, huyeron al monte y se alimentaban tan sólo de guayabas silvestres. Vivían como bestias, mucho peor que ellas. Antes de largarse cada quien por el propio atajo, fue lo que se llamó el ultimo intento. El último intento: juntan los obispos de Oaxaca a todos los pueblos de Oaxaca en el verde valle de Oaxaca. Allí están reunidos los pueblos, como un ramo de flores dentro de un horno: todos apelluzcados, enracimados. Cuando los obispos bajen los brazos (desde lejos en sus manos brillaban las amatistas de sus anillos de oro) deberá alzarse un gran alarido.

El alarido es para llamarle la atención al dios, para que salga del olvido, para que ilumine los sonidos. Entonces los obispos bajaron sus brazos y el alarido subió a escasos dos palmos sobre la cabeza de los pueblos allí reunidos y luego cayó al instante sobre la tierra. Esto fue lo que se llamó el ultimo intento. Ya después vino la gran dispersión de los pueblos: cada quien por donde mejor le decía su pobre entender. Pronto el mismo entender se enmoheció.

Esto fue el colmo: ¡ya ni el propio entender a uno mismo! Ni esa última y oscura palabra. ¡Se murió la palabra! Los niños también se comenzaron a morir como moscas porque los abandonaban en los rincones de las casas y sus chillidos estaban apagados; así que se morían sobre sus propios orines.
La tierra reposó. Los árboles estaban dormidos, pero los obispos ni reposaron ni se durmieron. Estaban preocupados porque los pueblos ya no iban a venerar las imágenes, ya no dejaban las limosnas en los cepos. El culto veníase abajo. Así fue cómo el arzobispo fue de mansión en mansión, recogiendo a los treinta obispos de su arquidiócesis. Entraba a cada mansión, tomaba la mano del obispo en cuestión y se lo llevaba al palacio arzobispal. Ya que hubo

reunido a los treinta, se los llevó de la misma manera a la iglesia de la Asunción. Iban en hilera como hormigas.

Y que saca el arzobispo un pedazo de carbón y escribe en el muro encalado del templo: "Hay que acabar con el silencio o el silencio acabara con nosotros". Las treinta mitras almidonadas se movieron lentamente de arriba abajo; luego el arzobispo escribió con carbón: "¿Quién sabe como sacar a dios del olvido?". Las treinta mitras albidoradas se movieron de derecha a izquierda. Entonces los treinta fueron a una carbonería abandonada, muy admirados pues nunca se les había ocurrido visitar ese lugar. Cada obispo tomó un pedazo de carbón. Pared que encontraban, pared en la que escribían: "¡Oye! ¡Piedad! ¡Acuérdate de nosotros! ¡Voltea!", y frases por el estilo.

Pero lo único que consiguieron fue manchar las inmaculadas vestes. Tuvieron que lavar sus propios ornamentos pues las lavanderas también se habían marchado a sus pueblos. Al mes están los treinta dispersos en la plaza, unos sentados sobre el césped, otros recargados en los árboles, baboseando, haciendo como que piensan, y en eso que se aparece el Enano de Monte Albán: es un enano, cojo y jorobado, que vive en el templo en forma de flecha que hay en monte albán. Éste tomó a su vez un pedazo de carbón y escribió en un muro encalado de la catedral:

"llo ze akavar kon el olbido del dios"

El obispo de Etla, que es miembro de la academia de la lengua, da un terrible respingo, da muestras de indignación y corriendo va y trata de corregir las faltas de ortografía: "¡Estos indios analfabetos!". Entonces cada obispo agarra un pedazo de carbón y escribe: ¿eres catolico? ¿eres judío? ¿eres jesuíta? y preguntas por ese estilo. El Enano se ríe de ellos aunque sin sonido, y va y escribe:

"llo zoi el danzante, el temblor, la duda, el ombre"

Ya el de Etla no corrige sus faltas de ortografía porque se ha empuercado de nuevo con carbón y el jabón se ha agotado. Ahora va el arzobispo y escribe:

"¿cómo vas a acabar con el silencio?"

Entonces el Enano háceles una seña para que lo sigan al cementerio. Desentierra a los ya viejos muertos y a los recién nacidos muertos, a los medio podridos y a los casi hechos polvo, a las momias y a los esqueletos, la gran gusanada. Los obispos lo imitan. Allí los verías, con palas y picos, desenterrando la podre de la tierra. Luego te darías cuenta que nunca habían agarrado una pala, un pico . . . Bueno, el pico sí que lo mueven, pero ahora para nada les servía.

El sol iluminaba las estaturas de los muertos, los colores y las máscaras. Levantan una montaña llamada el cerro de la podre. Y entonces cayeron en la cuenta de que los muertos ya son más que los vivos, pero muchos, muchísimos más. Al tercer día que alzaron el cerro, subió de la montaña un río lento de lodo y cieno, como serpiente negra en el fuego. El río de cieno subió hasta el cielo.

Los obispos abrían tamaños ojos, pues desconocían los ríos malditos que como blasfemia suben hasta el cielo. Eso pasa por andar de palacio en palacio, de banquete en banquete. Algo el río en llegar tardó, pero al fin ya llegó. El río pasa junto al dios, pero éste sigue distraído. El río como serpiente sube y mancha el espejo en que el dios se ve y cuando éste respinga el río aprovecha y se le mete por las narices.

Cuando se manchó el espejo, cuando olfateó la peste, el dios que se acuerda:

– ¿Qué pasa? ¿Y la tierra con sus vivientes? ¿Qué hacéis hormiguitas? ¡Ah, que las hormiguitas..!

Y cuando mienta a los hombres, que se acaba el silencio del dios, su olvido y gran distracción. Pero no todo aconteció nomás así.

Al mancharse el espejo del dios, se apagó el universo: los cielos, las tierras, los obispos, los oaxaqueños, los perros, los quesos. Todo se apagó y cayóse en el limbo. Fue tan sólo un instante. Entonces sí que estuvo peor el asunto: además del sonido, que se apaga la luz. El mentado instante en el limbo.

Y el dios se rió. El dios que limpia el espejo con su soplo divino, y todos, los cielos, las tierras, los oaxaqueños, los manglares y los gatos resucitaron: gran fiesta, mucha risa, un gran borlote.

Fue como cuando el niño está en su cuarto muy silencio, jugando con sus carritos, y llega el papá, de puntitas . . . Y apaga la luz y enronquece la voz:

– Uy, que ya viene el coco, la vieja Inés . . . —ya merito que llora tu niño, pero el papá prende la luz, carga al muchachito y lo besa . . . , gran risa, gran borlote, la fiesta.

RELATO DE LA DECIMO SEGUNDA LUNA

Éste era un Juan, el Juan Remolino, y éste era otro Juan, el Juan Manantial.

¿Cómo era Juan Manantial?

> Manantial, lanza de luz,
> dizque sol que ronda y ronda,
> dizque antebrazo perfecto,
> dizque precisa la boca:
> el brazo para curar
> la boca para las rosas
> dizque corazón de tilma
> dizque jinete que monta.

¿Y cómo era el Juan Remolino?

> Remolino del infierno
> el de la quijada rota
> el de la lumbre dispersa
> el de la carne de soga
> el del pellejo rajado,
> carne sin beso y sin hojas
> hermano de los desnudos,
> limón de noche borrosa.

Eran dos Juanes: uno lejos de otro hasta que se pusieron frente a frente. Éste fue el primer diálogo. Juan Manantial traía su cara, su rostro al descubierto, pero Juan Remolino hablaba detrás de sus máscaras.

Dice el Manantial:

– Oye tú, quítate esa máscara, porque así no se puede hablar: no sabe uno con quién esta hablando.

– Tengo miedo de quitármela, a lo mejor y abajo no hay nada.

– Yo te la quito, no te preocupes.

Entonces Juan Manantial le arranco la máscara que era una máscara de León Feroz.

Pero cuál no sería su sorpresa que abajo de esta había otra máscara, la máscara de Niño Perdido. Que se la arranca y todavía había otra debajo de ésta, la máscara de Perro Cogelón, la tercera máscara. Juan Manantial juró que sería la última, y no, resulta que debajo de la máscara de Perro Cogelón estaba la máscara de la Muerte que es una blanca y pulida Calaca. ¡La Calaca! Que se la arranca y la quinta era la máscara del arcángel San Gabriel. Debajo de esta estaba la sexta, la máscara de Payaso. Que se la arranca y estaba la séptima máscara, la ultima máscara, la Virgen de Guadalupe. Juan Manantial respiró profundo y arrancó la última máscara y ¡zaz! que se acaban las máscaras ¡y no había cara! Había nada. El Juan Manantial le colocó una sobre otra sus siete máscaras como quien le regresa sus muletas a un cojo.

– ¿Dónde perdiste tu cara?

– No sé, amigo, quizá en el cielo, quizá en el infierno, quizá en el vientre de mi madre, quizá en el sitio escondido. Siempre he traído máscaras y hasta hoy no he sabido que no tengo cara.

– Vamos a buscarla, Remolino, quién quita y la encontremos . . .

Y se ponen a buscarla en la ciudad, porque en la ciudad hay cielo, infierno, vientre y sitio escondido.

Así pues que se ponen a buscar esa cara perdida. Y por principio se van al barrio de las putitas y le preguntan a la madrota si no ha visto por ahí una cara perdida.

– Suban, suban, muchachos, súbanse a la cama, quién quita y la encuentren . . .

Suben los Juanes a la alcoba donde estaban dormidas quince putitas en una cama grande como una plaza. Debajo de un mosquitero tan amplio como el cielo dormían una junto a otra, como angelitos de niñas en medio de un sueño blanco. Entonces los dos Juanes se meten debajo de la cama para buscar la cara, pero en ninguna bacinica la hallan, pero mientras están ahí las putitas se despiertan y así platicaban:

– ¿Quién se acostó contigo en la noche, hermanita?

– Se acostó conmigo un tal arcángel.

– ¿Y te pagó?

– Sí, me pagó con una cara de hombre que se robó hace treinta años del vientre de una madre.

– ¿Y dónde pusiste tu paga?

– Aquí la tengo entre mis senos.

Los Juanes esperaron a que de nuevo se durmieran las putitas, una junto a la otra, como angelitos de niñas recién nacidas o recién moridas.

– Anda, sube por tu cara.

– Me da miedo. No he probado mujer.

– No seas imbécil. Échate sobre ella como sobre un abismo, un incendio, el mar furioso, y ya sobre de ella, verás que solo es la tierra.

Así estuvieron jaloneando las palabras hasta que el Remolino subió a la cama, subió a la mujer hasta sus senos. Abismo. Fogata. El Océano. La tierna Tierra, palpitante, fecunda y tibia, tal como le contara el Manantial. Pero no estaba la cara entera sino un tercio de cara. Juan Manantial le quitó las siete máscaras y le pegó el pedazo de cara, pedazo de abajo: boca, barbilla y cachetes.

Se fueron al barrio de los ladrones. Había un frío sucio y era de noche y en el medio de la noche una ciudad de cartón-chapopote y carteles de políticos. En el centro de la ciudad de los ladrones había un campo de fútbol y ahí se había congregado una turba violenta alrededor de una gran fogata de llantas gastadas. Los Juanes se escondieron detrás de una barraca a oír el bramido del odio y de la injusticia.

– No tenemos pan pero tenemos al panadero.

– No tenemos agua pero tenemos al fontanero.

– No tenemos a dios pero dizque su hijo murió entre nosotros.

– Los patrones sí que tienen pan. Quememos sus fábricas.

– El gobierno es de los ricos. Quememos el palacio Nacional.

– Los curas están bien cebados. Asaltemos las iglesias.

Entonces dijo el líder:

– A ver, tesorero, ¿con cuánto contamos para prender una revolución?

– No tenemos un solo quinto, pero en el fondo de la caja queda un pedazo de cara que nos dio un diablillo por saquear los cepos de limosnas de la iglesia de San Francisco.

– Para algo ha de servir ese pedazo de cara. A lo mejor es un pedazo de cara de algún periodista, de algún arzobispo o de algún ministro . . . , del que sea, pero nos pagaría para recobrar su pedazo de cara, aunque a estos no les importa la cara sino la máscara.

Guardaron el pedazo de cara en la caja y siguieron calentándose las manos diestras en la fogata negra.

Le dice Juan Manantial al Juan Remolino:

– Anda, ve por tu pedazo de cara.

– Me da miedo. Me van a hacer papilla. ¿Qué les puedo decir?

– Tú aviéntales tu palabra como pedrada, con que les avientes una palabra verdadera, tan sólo una, los convencerás; están hartos de mentiras. Y ya puedes decirles una palabra sincera con tu pedazo de cara: boca, cachete y barba.

Entonces el Remolino se puso de un brinco en medio de la turba a la luz de la negra fogata. Lo recibió un rugido de ciclón oscuro:

– ¿Quién eres?

– Yo soy un hombre que perdió un pedazo de cara. Ustedes son lo que son y sí, tienen cara pero la tienen prestada al rico, al gobierno y a la fábula. La cara sólo con sangre se salva y se lava.

Y entonces el Remolino a la luz de la fogata comenzó a quitarse las siete máscaras una a una, con gran sentido dramático, y los ladrones estaban felices por el gratuito espectáculo. Cuando se despojó de la última y apareció el pedazo de cara: boca, cachete y barba, los ladrones le aplaudieron y chiflaron emocionados y le entregaron el pedazo de cara, pedazo de en medio: orejas, nariz y ojos. Ya nomás le faltaba la frente.

– Ya nomás te falta la frente. Vamos a buscar la frente.

– Ya me cansé, con lo que tengo la iré pasando, mas o menos . . . No hay que ser tan ambicioso.

– Eso te crees tú: una cara o vale entera o no vale nada.

– Eso te crees tú: a mí me gusta la perdición y me place la protesta. Mi cara incompleta que le grite al Altísimo mi protesta. A mí me gusta lo roto, rajado y perdido.

Y no hubo poder humano de sacarlo de su decisión. Al Manantial no le cabía en la mente que así fuera el Remolino, pero ¿cómo va a comprender un Manantial a un Remolino? A este Remolino le pusieron el nombre de Aoztoc los de la laguna. Y entonces fue que se desapartaron los dos Juanes y ya no se volvieron a ver en vida sino hasta que llegó la Muerte y a ambos los juntó en el Sitio Escondido. Luego se dieron un abrazo y se estrecharon la mano con gran alegría. Entonces el Manantial vio que el Remolino traía su cara completa, y en cambio el Manantial traía rajada la frente, rajada, abollada, hecha una lástima. Estaban los dos muy tranquilos esperando el Juicio, así que sin prisa y sin frío se pusieron a dialogar:

– ¿Cómo conseguiste tu tercer pedazo de cara: ceño, sienes y frente?

– Solita creció, nomás de ver pasar el agua. Y a ti ¿cómo fue que se te rajo la frente?

– Pues no me lo vas a creer pero por lo mismo, por ver nomás pasar el agua.

Y en eso estaban cuando llegaron al Juicio. No tuvieron que esperar mucho, alueguito les dieron el pase y ahí en el Juicio estaba . . . ¿a que no adivinan quién . . . ? ¡Pues el Divino Rostro! Confrontaron sus caras los tres y era la misma Cara. Se rieron los tres y aun se siguen riendo. Dijo el Divino Rostro:

– Venid a mí, los de la frente rajada, porque de vosotros es el Sitio Escondido donde se detiene el agua.

Printed in the United States
By Bookmasters